西华师范大学校博士启动项目：政府购买公共体育服务的方式及机制研究（项目编号：18Q015）

西华师范大学英才科研基金项目：学校体育场地设施对社会开放的风险规避研究（项目编号：18Q015）

政府向体育社会组织购买公共体育服务运行机制研究

彭 英 王清梅 著

人民体育出版社

图书在版编目（CIP）数据

政府向体育社会组织购买公共体育服务运行机制研究/彭英，王清梅著． -- 北京：人民体育出版社，2023
　ISBN 978-7-5009-6284-7

Ⅰ．①政… Ⅱ．①彭… ②王… Ⅲ．①群众体育—社会服务—政府采购制度—研究—中国 Ⅳ．①G812.4

中国国家版本馆 CIP 数据核字（2023）第 042423 号

*

人民体育出版社出版发行
北京建宏印刷有限公司印刷
新 华 书 店 经 销

*

710×1000　16 开本　11.75 印张　207 千字
2023 年 9 月第 1 版　2023 年 9 月第 1 次印刷

*

ISBN 978-7-5009-6284-7
定价：65.00

社址：北京市东城区体育馆路 8 号（天坛公园东门）
电话：67151482（发行部）　　　邮编：100061
传真：67151483　　　　　　　　邮购：67118491
网址：www.psphpress.com

（购买本社图书，如遇有缺损页可与邮购部联系）

序 言
PREFACE

近年来，随着我国政府向体育社会组织购买公共体育服务实践的推进，政府向体育社会组织购买公共体育服务的运行机制问题凸显，相关研究也得到了学术界的关注。但对政府向体育社会组织购买公共体育服务的运行机制进行系统的研究，识别运行过程中的影响因素并构建评价指标体系进行评价，特别是动态评价的研究较少。本研究组成员在构建政府向体育社会组织购买公共体育服务运行流程基础上，对运行流程的影响因素进行了全面的识别、分析及评价，并针对评价结果，提出了完善政府向体育社会组织购买公共体育服务机制的策略。具体研究情况如下。

第一，借助扎根理论分析工具，采用观察法和深度访谈法收集分析相关资料，构建了政府向体育社会组织购买公共体育服务的运行流程，即作出购买决策，体育社会组织选择，签订合同，合作管理及购买评价。购买决策是整个购买过程的起点，签订合同是合作管理的起点和基础，通过合作管理完成购买行为，而购买评价既贯穿于整个合作管理过程，又体现合作管理的结果。

第二，借助工作分解分析方法、专家检查表法等分析工具，通过案例分析法、文献资料法、访谈法、问卷调查法对政府向体育社会组织购买公共体育服务的影响因素进行识别，结果如下：决策、体育社会组织选择、合作管理三个阶段共14类影响因素和46个致因因子。

第三，借助系统动力学分析工具，通过系统动力模型，分析了该系统各要素的运行规则和影响力传导路径，研究了影响因素及各致因因子的作用机理。该系统各要素的运行规则：决策阶段影响力是需求评估、经费预算、购买决策影响因素共同形成的影响力变化1及战略管理和关系管理共同形成的控制率1共同作用的结果；体育社会组织选择阶段影响力是垄断、逆向选择、信息不对称和腐败共同形成的影响力变化2，战略管理和关系管理共同形成的控制率2及决策阶段影响力共同作用的结果；合作管理阶段影响力是资金管理、合同订立、项目管理、主体协调、监督、道德失范和评估共同形成的影响力变化3，关系管理、质量管理、流程管理和合同管理共同形成的控制率3及体育社会组织选择阶段影响力共同作用的结果；绩效、期望绩效及与期望绩效的差距在影响力与控制策略之间起着重要调控作用。该系统影响力传导路径：决策阶段、体育社会组织选择阶段和合作管理阶段分别在不同的因果关系回路中传导并作用于系统。

第四，通过建立政府向体育社会组织购买公共体育服务影响因素评价指标体系，运用模糊综合评价法和系统动力学模型对评价指标体系中的各项指标进行了评价。评价结果表明：一级评价指标中，体育社会组织选择阶段的影响因素对系统的影响最大；二级评价指标中，垄断和逆向选择对系统的影响最大；三级评价指标中，四类致因因子的影响水平明显较高，第一类，与政府对体育社会组织的行为相关的指标，即政府倾向和购买内部化；第二类，与体育社会组织的发展水平有关的指标，即体育社会组织有限、体育社会组织发展不充分、体育社会组织的资金不足、体育社会组织的人力资源不足；第三类，与购买主体沟通和交流相关的指标，即政府部门协调的复杂性、隐藏信息和扭曲信息等；第四类，与资金有关的指标，即未考虑隐性成本、资金管理不规范。以上四类指标中，除与资金有关的指标以外，其他三类都与体育社会组织的选择有关。

第五，提出政府购买公共体育服务机制创新策略。决策阶段机制创新策略：优化需求评估机制，增强政府购买决策能力和水平，科学地选择购买内容和方式。体育社会组织选择阶段机制创新策略：科学地分类体育社会组织；积极培育体育社会组织；设置科学的准入条件和选择流程，科学选择体育社会组织；加强交流与沟通，促进购买信息公开化。合作管理阶段机制创新策略：规范资金和合同管理，健全监督机制和评估机制。

目 录
CONTENTS

第一章　绪　论 …………………………………………………… 001
 第一节　研究背景及问题提出 ………………………………… 001
 第二节　研究目的和意义 ……………………………………… 003
 第三节　研究对象与研究方法 ………………………………… 005
 第四节　技术路线和创新点 …………………………………… 010

第二章　相关概念、文献综述及理论基础 …………………… 013
 第一节　相关概念 ……………………………………………… 013
 第二节　国内外研究综述 ……………………………………… 016
 第三节　理论基础 ……………………………………………… 025
 第四节　理论分析框架 ………………………………………… 030

第三章　政府向体育社会组织购买公共体育服务的运行流程研究 … 032
 第一节　政府向体育社会组织购买公共体育服务的典型案例 ………… 032
 第二节　政府向体育社会组织购买公共体育服务流程译码 ………… 039
 第三节　政府向体育社会组织购买公共体育服务运行流程的构建 ………… 050

第四章　政府向体育社会组织购买公共体育服务影响因素识别 …… 052
 第一节　政府向体育社会组织购买公共体育服务影响因素识别的方法和
    原则 …………………………………………………………… 052
 第二节　政府向体育社会组织购买公共体育服务影响因素案例识别 ……… 055
 第三节　政府向体育社会组织购买公共体育服务影响因素专家筛选 ……… 070

第五章 政府向体育社会组织购买公共体育服务影响因素作用机理 ……… 074
第一节 政府向体育社会组织购买公共体育服务影响因素分析概况 ……… 074
第二节 政府向体育社会组织购买公共体育服务各系统影响因素运行规则 ……… 077
第三节 政府向体育社会组织购买公共体育服务影响力传导路径 ………… 092

第六章 政府向体育社会组织购买公共体育服务影响因素评价 ……… 096
第一节 政府向体育社会组织购买公共体育服务影响因素评价方法 ……… 096
第二节 政府向体育社会组织购买公共体育服务影响因素评价指标权重 … 099
第三节 政府向体育社会组织购买公共体育服务影响因素评价指标隶属度 ……… 110
第四节 政府向体育社会组织购买公共体育服务影响因素静态评价 ……… 116
第五节 政府向体育社会组织购买公共体育服务影响因素动态评价 ……… 120

第七章 政府向体育社会组织购买公共体育服务运行机制创新研究 ……… 126
第一节 政府向体育社会组织购买公共体育服务决策机制 ……… 126
第二节 优化体育社会组织培育选择机制 ……… 128
第三节 政府向体育社会组织购买公共体育服务治理机制创新研究 ……… 138

附 录 ……… 144
附录 1 ……… 144
附录 2 ……… 145
附录 3 ……… 146
附录 4 ……… 149
附录 5 ……… 155
附录 6 ……… 159

参考文献 ……… 172

第一章

绪 论

第一节 研究背景及问题提出

一、研究背景

20世纪60年代,在福利制度改革和新公共管理运动的推动下,西方发达国家推行了政府购买公共体育服务,并很快席卷全球。但经历了20世纪90年代的发展高峰之后,政府购买公共体育服务的行为逐渐呈现下降趋势,美国、英国、新西兰、加拿大、澳大利亚等国家甚至出现了"逆向外包"的现象。1992—1997年,逆向外包占所有外包服务的比例为11%,而1997—2002年逆向外包占所有外包服务的比例提高到18%[1]。许多国家的购买实践表明,政府购买公共体育服务不总是带来成本的节约,还会由于监督困难等原因导致服务质量的下降。尽管各国政府以更为客观和谨慎的态度来对待政府购买公共体育服务,但在市场机制下,由政府购买公共体育服务的总趋势仍没有改变。

近年来,我国群众对公共体育服务的需求随着社会变迁和经济发展而快速增长,并呈现多元化趋势,政府单一供给方式难以满足群众对公共体育服务的需求。为此,国家出台了一系列的制度推动政府购买公共体育服务。2013年,《国务院办公厅关于政府向社会力量购买服务的指导意见》(国办〔2013〕96号)首次将体育与文化并列作为政府购买公共服务的重要领域,并强调要加强政府购买力度。2014年出台的《政府购买服务管理办法(暂行)》(财综〔2014〕96号)将公共体育服务作为基本公共服务纳入政府购买服务的指导性目录。2014年10

---

[1] 杨安华.公共服务逆民营化何以率先在美国出现——基于美国与西班牙民营化发展的比较分析[J].经济管理,2012,34(6):160-170.

月,《国务院关于加快发展体育产业促进体育消费的若干意见》(国发〔2014〕46号)提出加强市场机制的作用,创新服务方式,培育多元主体,提供适应群众需求、丰富多样的产品和服务。在国家政策的推动下,2013年常州市在全国率先出台《常州市关于购买公共体育服务的实施办法》(常办〔2013〕63号),并推动购买实践的顺利开展。2014—2016年,常州市通过购买公共体育服务的方式,吸引100余家服务承接组织参与竞标,按期完成服务项目81个,惠及群众近50万人,吸引超过300万元的社会资金[1]。此后,各地也纷纷出台相应的实施办法和细则推动政府购买公共体育服务。

虽然政府购买公共体育服务在满足群众公共体育服务多元化、差异化、动态化的需求方面提供了新的尝试,但我国政府购买公共体育服务实践起步晚,相关的理论研究还不完善,尤其是政府向体育社会组织购买公共体育服务的运行机制的研究还不够深入。如何克服购买过程中存在着公共体育服务的供给与需求不对接、群众满意度低、成本居高不下等问题,从而建立科学合理的运行机制,推动政府购买公共体育服务健康有序的发展将是一个重要的课题。

二、问题提出

政府向体育社会组织购买公共体育服务的现实困境迫切需要我们对现有的运行机制进行研究。近年来,随着我国政府向体育社会组织购买公共体育服务实践的推进,各方面矛盾问题逐渐凸显。理论上,政府基于转变政府职能,创新供给模式,提高供给质量与效率,满足大众体育需求的需要等因素的考虑,通过购买的方式向群众提供公共体育服务,以实现政府、市场主体与社会主体三者之间的合理定位。政府购买服务的方式,即向专业的体育社会组织获取更优质的公共体育服务,被认为是重塑政府行动逻辑,转变政府职能,实现供给效益和效果最大化,向社会主体让渡参与空间并形成伙伴关系的双赢选择。但实践上,由于我国政府向体育社会组织购买公共体育服务起步晚,内外环境制度不完善,存在购买运行机制不畅、体育社会组织数量少且发育不完善、购买市场环境发育不成熟等诸多问题,导致在现实的购买案例中,有些体育社会组织虚报材料,隐瞒资质,签订合同后又无法按照合同要求完成公共体育服务的生产,将承接的公共体育服务分包或转包,从而造成公共体育服务的质量下降,成本上升。面对全国各地以

---

[1] 于晨珺.2017年政府购买公共体育服务项目揭晓[N].常州日报,2017-03-15.

各种形式开展的购买实践，我们不得不关注一个突出的实践和理论问题：政府向体育社会组织购买公共体育服务的购买流程越来越细化，购买模式也愈加完善，但不同的购买流程和模式却表现出类似的共通性障碍，无论是最简单的模式，即政府投入资金指定某一体育社会组织完成某类公共体育服务，还是更为复杂的设立招投标与评审制度的竞争性购买模式，都无法达到理想的公共体育服务供给绩效。因此，要提高政府向体育社会组织购买公共体育服务的绩效，高质量、高效率、低成本的供给公共体育服务，就需要对现有的购买运行机制进行研究，深入挖掘和分析相关的影响因素和致因因子，优化现有的购买运行机制。

我国政府向体育社会组织购买公共体育服务的运行机制实践及理论研究不够深入和完善，处于初步发展阶段，虽然在购买实践中积累了一些经验，但是仅是管理人员的自我工作总结，没有科学合理、可操作性强的制度体系建设。近年来，政府向体育社会组织购买公共体育服务运行机制的研究得到了学术界的关注，相关研究逐渐增加，为政府向体育社会组织购买公共体育服务运行机制的研究提供了理论指导。但相关的研究也存在一定的问题，缺少对运行过程中的影响因素及致因因子系统和全面的分析，没有建立起科学合理的评价指标体系，并进行科学的评价，因此解决问题的措施缺乏针对性。政府向体育社会组织购买公共体育服务的主体关系复杂，购买过程的动态性使购买过程的不确定性因素较多，各种不确定因素的作用机理相当复杂。因此，只有在系统的对影响因素及致因因子进行识别、分析和评价的基础上提出相应干预机制，才能提升政府管理能力和实务操作水平，以及公共体育服务的供给质量和水平。

第二节　研究目的和意义

一、研究目的

政府向体育社会组织购买公共体育服务的运行机制是一个复杂的、动态的大系统，影响因素多，影响因素间相互影响和相互作用的关系非常复杂。目前，购买服务的实践和理论研究还处于起步阶段，对现有的购买运行机制没有系统深入的研究。因此，本研究希望通过深入的研究，以期达到以下目的。

第一，通过案例分析法，借助扎根理论分析工具对政府向体育社会组织购买公共体育服务现有的运行流程进行分析、归纳总结为进一步研究提供理论指导。

第二，通过案例分析法、访谈法和问卷调查法，借助专家检查表等分析工具，对政府向体育社会组织购买公共体育服务中存在的各种影响因素及致因因子进行分析和识别，构建一个科学合理影响因素评价指标体系。

第三，借助系统动力模型，深入分析政府向体育社会组织购买公共体育服务各影响因素和致因因子间的运行规则和传导路径，直观和动态地研究各影响因素和致因因子间的作用机理。

第四，通过模糊综合评价法确定政府向体育社会组织购买公共体育服务诸多影响因素和致因因子中关键的影响因素和致因因子。

第五，针对关键的影响因素和致因因子，提出政府向体育社会组织购买公共体育服务过程中需要优化的关键机制。

二、研究意义

本研究的理论意义包括：

第一，政府向体育社会组织购买公共体育服务面临着政府和社会组织的不同主体的利益诉求，存在一定的冲突，如何协同公共体育服务参与主体的利益是公共管理理论面临的重要问题，本研究将在该领域做出了一定的理论贡献，进一步丰富了公共管理理论。

第二，厘清购买运行流程及主体、过程间的关系和问题，并提出完善运行机制的策略，补充和完善了公共体育服务供给理论。

本研究的实践意义包括：

第一，对缓解我国体育资源不足，公共体育服务供给不足与群众体育服务需求增长之间的矛盾具有实践意义。对促进政府职能转变，引导、培育和壮大体育社会组织及实现体育社团实体化具有现实的指导意义。

第二，对政府向体育社会组织购买公共体育服务现有运行机制的影响因素及致因因子进行分析和评价，找出需要优化的关键运行机制，提出降低公共体育服务成本，提高购买资金使用效率和建设高效节约的服务型政府的针对性措施，将给政府购买公共体育服务提供操作化的指引，推进政府购买公共体育服务顺利开展。

第三节 研究对象与研究方法

一、研究对象

本研究以政府向体育社会组织购买公共体育服务的运行机制为研究对象，具体研究了政府向体育社会组织购买公共体育服务的运行流程及其各个阶段，各个环节具体活动的影响因素识别、分析、评价，以及运行机制的完善措施。

二、研究方法

(一) 文献资料法

新闻媒体和相关网站对政府购买公共体育服务、体育社会组织承接服务进行了报道，相关文献对政府购买公共体育服务、体育社会组织承接服务也有一定的研究。因此，课题组分析和研究了收集的案例和资料，弥补了实地调研的不足。主要文献资料有：地方政府采购网有关政府购买公共体育服务的案例和经验交流；《中国政府采购报》《政府采购信息报》《中国体育报》等报刊发表的相关经验交流报道、消息等文章；学术期刊发表的有关政府购买公共体育服务的相关论文。文献资料主要来源途径是：国家图书馆、北京体育大学图书馆，中国学术期刊网（www.cnki.net），超星数字图书馆（www.ssreader.com），中国政府采购网（www.ccgp.gov.cn/），北京市政府采购网（http：www.ccgp-beijing.gov.cn/）、江苏政府采购网（www.ccgp-jiangsu.gov.cn/）、四川政府采购网（www.ccgp-sichuan.gov.cn/）等全部省级政府采购网站，以及在政府购买公共体育服务方面影响比较大的部分市建立的市级政府采购网，如常州市政府采购网（http://zfcg.changzhou.gov.cn/）等。

(二) 问卷调查法

1. 调查对象

调查对象主要是政府部门的相关工作人员、体育社会组织的相关人员。

2. 问卷的编制及信效度检验

编制了《政府向体育社会组织购买公共体育服务影响因素检查表》（见附录

3)、《政府向体育社会组织购买公共体育服务影响因素权重问卷调查表》(见附录 4) 和《政府向体育社会组织购买公共体育服务影响因素重要性问卷调查表》(见附录 5)。聘请 5 位专家对问卷效度进行评价，3 位专家来自公共管理研究和公共服务研究领域，2 位来自政府购买公共体育服务的实践领域。《政府向体育社会组织购买公共体育服务影响因素检查表》有 4 位专家认为非常合理，1 位专家认为合理；《政府向体育社会组织购买公共体育服务影响因素重要性问卷调查表》有 3 位专家认为非常合理，2 位专家认为合理；《政府向体育社会组织购买公共体育服务影响因素权重问卷调查表》有 3 位专家认为非常合理，2 位专家认为合理，因此，3 个调查问卷表的效度较高，同时，采用"重测信度法"进行信度检验，在第 1 次填写完后，以打乱影响因素顺序的方式编制新的问卷表，5 天后重新检测。《政府向体育社会组织购买公共体育服务影响因素检查表》的皮尔逊积差相关系数 $r=0.76$，《政府向体育社会组织购买公共体育服务影响因素重要性问卷调查表》的皮尔逊积差相关系数 $r=0.73$，重测信度效果较好。

3. 问卷抽样和调查方式

本研究全部采用非概率抽样的方法，通过以下途径：第一，对 N 市、S 市、C 市、T 市和 Z 市 5 个城市的问卷通过便利抽样法，由有关政府部门的工作人员和体育社会组织的工作人员个人填写问卷并当场回收。第二，采用判断抽样法通过委托方式发放和回收问卷，由有关政府部门的工作人员和体育社会组织的工作人员个人填答。第三，采用滚雪球抽样法通过网络即时交流工具的方式发放问卷，由有关政府部门的工作人员和体育社会组织的工作人员个人填答及电话进行访问，自填问卷。《政府向体育社会组织购买公共体育服务影响因素检查表》共发放问卷 313 份，回收 259 份，回收率 82.7%，有效问卷 224 份，有效率 86.5%；《政府向体育社会组织购买公共体育服务影响因素重要性问卷调查表》共发放问卷 308 份，回收 276 份，回收率 89.6%，有效问卷 210 份，有效率 76.1%；《政府向体育社会组织购买公共体育服务影响因素权重问卷调查表》通过现场和网络即时交流工具的方式发放，由公共管理研究领域、体育社会学和体育管理学研究领域的 15 位专家分别填写，全部收回，全部有效。

(三) 访谈法

在 2014 年 10 月至 2017 年 10 月期间，分别走访了政府部门的相关工作人员和体育社会组织负责人。对政府购买的相关事宜进行开放式访谈，政府部门的访谈涉及购买的原因、事项、经验、问题、应对办法，体育社会组织的访谈涉及承接的原因、事项、问题与难点、应对办法。在采访的过程中，对访谈内容全程录音，并做事后书面整理与分析，没有录音的访谈，做了书面记录。访谈专家具体情况如表1-1所示。

表1-1 本研究访谈基本情况一览表

对象来源	方式	地点
四川省体育局经济处	面谈	四川省体育局经济处办公室
四川省体育局竞技处	面谈	四川省体育局竞技处办公室
南充市体育局社会体育管理科	面谈	南充市体育局社会体育管理科办公室
上海市体育局群众体育处	面谈	上海市体育局群众体育处办公室
上海市健美协会	电话	
遂宁市体育局社会体育管理科	面谈	遂宁市体育局社会体育管理科办公室
北京市体育局群众体育处	面谈	北京市体育局群众体育处
北京市中小学体育运动协会	电话	
四川省老年人体育协会	面谈	南充市老年体育协会办公室
南充市游泳协会	面谈	南充市西山运动场游泳馆
上海市精英青少年体育俱乐部	面谈	西华师范大学办公室
武汉市武术协会	面谈	武汉体育学院
遂宁市体育舞蹈协会	面谈	遂宁市体育中心
苏州市体育局群众体育处	面谈	苏州市体育局群众体育处办公室
苏州市体育舞蹈运动协会	电话	
深圳市光明新区公共事业局	电话	
深圳市光明新区太极拳协会	电话	
重庆市体育局群众体育处	电话	
天津市体育局群众体育处	电话	
贵阳市宏弘体育俱乐部	面谈	贵阳一中
贵州省体育局群众体育处	面谈	贵州省体育局群众体育处办公室

(四) 案例分析法

本研究对文献研究和访谈收集的 11 个案例（表 1-2）进行逐一分析，剥离出对购买产生不利影响的因素和致因因子，并按照产生原因归类。为了保证所选案例分析出的影响因素具有"概推性"，本研究在案例选择上主要考虑 3 个因素。

1. 不同城市综合实力的差异导致政府购买公共体育服务的差异。按照 2018 年中国城市分级标准，本研究分别选取了以北京、上海、广州为代表的一线城市，以成都为代表的新一线城市，以南昌为代表的二线城市，以宁德、宜昌为代表的三线城市，以遂宁为代表的四线城市政府购买公共体育服务的案例进行分析。

2. 购买的公共体育服务类型的多样性。案例尽可能涵盖公共体育组织服务、公共体育场地设施服务、公共体育活动服务、公共体育培训服务、公共体育指导服务和公共体育宣传服务等不同类型。案例分析不可能完全按照理论尺度在现实中找到完美的原型，但研究表明多案例和多类型的案例选择，能够增加案例的"概推性"[1]。

3. 案例详细信息的可获得性。需要说明的是，政府购买公共体育服务是一个敏感的问题，特别是对政府工作人员而言。在访谈过程中，以"政府购买公共体育服务有哪些问题，是什么原因导致的这些问题"为题，被访者大都能够进行较详细的说明，但如果要求其对自身购买公共体育服务的案例进行深入分析时，大多被访者比较敏感，新闻媒体和各级政府采购网对案例的披露和曝光也非常谨慎。因此，收集到的案例相对较少。即使如此，通过对案例细节的相关信息进行"深度描写"，识别出的影响因素也能基本涵盖购买过程的各个阶段，各环节基本活动，不足部分通过访谈和文献研究进行补充和完善。

表 1-2 研究案例一览表

序号	时间	案例名称
1	2017 年	北京市教育委员会购买小学体育美育发展工作项目
2	2015 年	遂宁市体育局购买太极拳协会太极拳培训指导服务
3	2015 年	南昌市体育局购买 CBO（中国业余篮球公开赛）

---

[1] 张建民，何宾．案例研究概推性的理论逻辑与评价体系——基于公共管理案例研究样本论文的实证分析 [J]．公共管理学报，2011（4）：1-20．

续表

序号	时间	案例名称
4	2014年	成都市温江区文体广新局购买"村改社"社区文体基础设施建设服务
5	2016年	上海市体育局购买第二届市民运动会总决赛服务
6	2013年	广东省残疾人联合会购买残疾人体育服务
7	2012年	北京市社工委购买"强我少年"工程项目
8	2015年	广州市教育局、体育局购买中小学生跆拳道比赛服务
9	2014年	上海市静安区政府购买公共体育服务绩效评估服务项目
10	2015年	宁德市体育局购买篮球赛事服务
11	2013年	北京市社工委购买北京市户外运动应急救援公益培训项目

资料来源：课题组对访谈结果和文献资料的分析和整理。

（五）专用工具分析法

使用社会学和公共管理中的部分专用工具对政府向体育社会组织购买公共体育服务的相关内容进行分析，具体方法如下。

1. 扎根理论分析方法

扎根理论方法是通过对实际观察、深度访谈等原始资料中进行经验概括的基础上建立理论的一种质性研究方法。课题组通过扎根理论方法构建政府向体育社会组织购买公共体育服务的运行流程，具体包括以下几个步骤：第一步，确定访谈提纲和访谈对象进行深度访谈和观察；第二步，整理实际观察、深度访谈等原始资料进行分析，根据扎根理论对资料进行三级编码，即开放式登录、关联式登录和轴心登录，初步得到关于政府向体育社会组织购买公共体育服务的相关信息；第三步，增加、调整访谈对象，结合已有的访谈资料，对新的访谈资料进行进一步的分析；第四步，构建政府向体育社会组织购买公共体育服务的基本流程。

2. 工作分解分析方法

工作分解分析方法是通过工作分解结构对影响因素进行识别的方法。本研究运用扎根理论分析了政府向体育社会组织购买公共体育服务的基本流程，并借鉴清华大学公共管理学院将公共项目的工作流程划分规划阶段、建设阶段和运营管理阶段[1]的研究思路，将政府购买公共体育中"买什么""向谁买""如何买"作为一个工作周期，把政府购买公共体育服务的整个活动过程分成决策阶段、体育社会组织选择阶段、合作管理阶段，再将各个阶段分解出具体的活动，从中出发，结合文献资料、访谈结果和案例分析识别存在的影响因素和致因因子。

3. 专家检查表法

检查表法是将案例分析获得经验性预选的影响因素及致因因子作为检查内容，将各种影响因素发生的多种可能（本研究将可能性分为了5个等级，即非常可能、比较可能、一般、比较不可能、不可能）制作成《政府向体育社会组织购买公共体育服务影响因素检查表》，供政府部门的相关工作人员和体育社会组织的相关人员进行检查核对，用来判别通过经验性预选识别出的指标发生的可能性，再计算指标的相关性，相关性大于0.5的指标保留，最终确定专家筛选结果，并建立影响因素评价指标体系。

4. 系统动力学分析方法

系统动力学是一门综合交叉学科，可以用来研究公共管理领域、经济管理领域和社会领域等其中具有复杂性的问题，特别是具有动态性和反馈性特征的问题。本研究通过系统动力学的分析方法，运用vensim软件建立系统动力模型，分析了政府向体育社会组织购买公共体育服务影响因素及致因因子的运行规则和传导路径，研究了影响因素及致因因子间的作用机理。

第四节 技术路线和创新点

一、研究技术路线

本研究分析了政府向体育社会组织购买公共体育服务的研究成果和理论基础，发现政府向体育社会组织购买公共体育服务运行机制有亟待解决的问题。首先，采用扎根理论分析方法，对现有购买实践进行了分析，构建出政府向体育社会组织购买公共体育服务运行流程的理论模型，并将整个运行流程分为决策阶段、体育社会组织选择阶段和合作管理三个阶段；结合文献资料、访谈和案例分

---

[1] 陈玲，李利利. 政府决策与邻避运动：公共项目决策中的社会稳定风险触发机制及改进方向 [J]. 公共行政评论，2016（1）：26-38.

析的相关结果，对各个阶段具体活动中存在的影响因素和致因因子进行经验性预选，并通过专家检查表法对经验性预选识别出来的影响因素和致因因子进行专家筛选；其次，根据系统动力学原理和方法，建立各影响因素和致因因子的因果关系图和系统流图，分析影响因素和致因因子运行规则和传导路径，研究了各影响因素和致因因子的作用机理；再次，结合识别出的影响因素和致因因子，建立了政府向体育社会组织购买公共体育服务的影响因素评价指标体系，运用模糊综合评价法结合层次分析法，对影响因素和致因因子指标进行了评价；最后，结合评价的结果，找出运行过程中影响购买绩效的关键因素，并提出相应的机制优化策略。具体技术路线如图1-1所示。

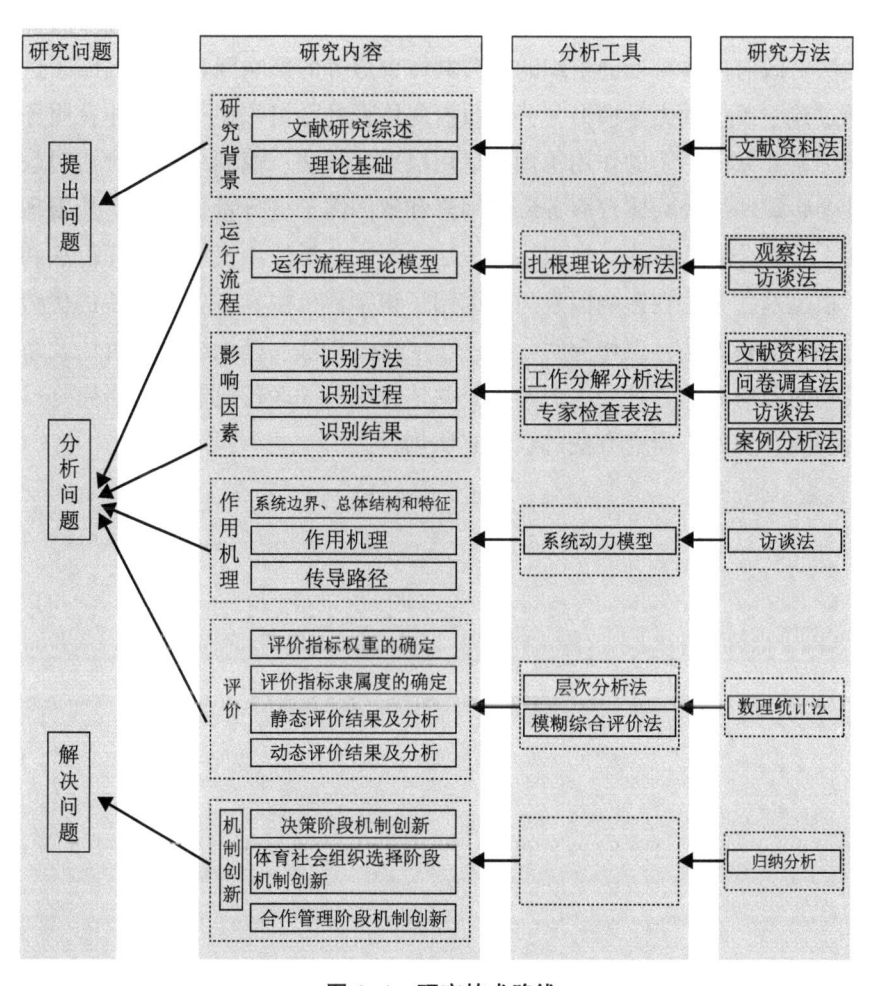

图 1-1 研究技术路线

二、研究创新点

研究符合政府职能改革时代背景下，我国公共体育服务供给理论与实践的需要。本书的创新点主要集中于：

第一，研究内容创新。对政府向体育社会组织购买公共体育服务运行机制的相关研究较少，而且对运行机制分析不够深入，缺少系统而全面的影响因素识别，缺少科学的影响因素评价研究。本书通过建立影响因素评价指标体系，对政府向体育社会组织购买公共体育服务的影响因素进行科学评价，分析研究了关键影响因素，并针对关键影响因素提出了机制创新，研究内容较新颖。

第二，研究方法运用创新。采用扎根理论分析方法、工作分解分析法和专家检查表法对政府向体育社会组织购买公共体育服务的影响因素和致因因子进行识别，通过建立系统动力学模型，分析政府向体育社会组织购买公共体育服务系统中影响因素和致因因子的作用机理；运用层次分析法、模糊综合评价法对政府向体育社会组织购买公共体育服务影响因素和致因因子进行量化评价。扎根理论分析方法、工作分解分析法、专家检查表法、层次分析法、模糊综合评价法和系统动力学模型这些方法在影响因素与致因因子识别评价中具有各自独特的优势。采用扎根理论分析方法、工作分解分析法、层次分析法、模糊综合评价法及系统动力学模型对政府向体育社会组织购买公共体育服务的运行机制进行研究是已有相关研究没有涉及的，研究方法的运用有所创新。

第二章
相关概念、文献综述及理论基础

第一节 相关概念

一、公共体育服务的内涵及外延

作为公共服务领域之一的公共体育服务,其内涵的界定离不开对公共服务内涵的理解。对于什么是公共服务,学术界存在不同的见解。通常的理解认为,公共服务中的"公共"是相对私人而言的,是指政府利用公共资源提供的满足社会公共需求的产品和服务。在学界的研究中,"体育公共服务"和"公共体育服务"两个名词概念也存在争议。(郇昌店[1]、贾文彤[2]、范冬云[3])认为从价值取向和概念的清晰度来讲,"体育公共服务"更规范,更合适。2011年《体育事业"十二五"规划》出台,官方用词均使用"公共体育服务",自此以后,在大多数情况下,学术界也采用"公共体育服务"这一表述,并把公共体育服务并列于公共教育服务、公共文化服务、社会保障服务进行研究。肖林鹏等认为公共体育服务是为了满足公共体育需要,由政府、事业单位等各类公共组织提供的公共体育产品和服务,并指出公共体育服务的外延包括体育活动服务、体育组织服务等9大类服务[4][5]。本书在借鉴了上述研究的基础上对公共体育服务定

---

[1] 郇昌店,肖林鹏,李宗浩,等. 我国公共体育服务发展述评[J]. 体育学刊,2009,16(6):20-24.
[2] 贾文彤. 体育公共服务均等化若干问题研究[J]. 山东体育学院学报,2009,25(12):11-15.
[3] 范冬云. 我国体育公共服务研究中几个问题的探讨[J]. 成都体育学院学报,2010,36(2):6-8,12.
[4] 肖林鹏,李宗浩,杨晓晨. 公共体育服务概念及其理论分析[J]. 天津体育学院学报,2007,22(2):97-101.
[5] 肖林鹏. 论全民健身服务体系的概念及其结构[J]. 西安体育学院学报,2008,25(4):6-11.

义为：广义的指为了满足公共体育需求，由政府及相关部门提供的公共体育产品和服务，狭义的指完善群众身边的健身组织、建设群众身边的健身设施、组织群众身边的健身活动、举办群众身边的健身赛事、提供群众身边的健身指导、讲好群众身边的健身故事"全民健身六边工程"涉及的公共体育组织服务、公共体育场地设施服务、公共体育活动服务、公共体育培训服务、公共体育指导服务和公共体育宣传服务。

二、体育社会组织

社会组织是体育社会组织的上位概念，因此，要厘清体育社会组织的概念，就必须先厘清社会组织的概念。广义的社会组织是指具有共同的目标，两人或两人以上的人们组成的具有共同规范和社会结构的群体。社会结构理论根据政治、经济和社会三大领域，将社会组织区分成政府、企业和社会组织三类，构成了社会运转的三大基本力量。狭义的社会组织是指为了特定的目的成立，具有特定行为规范，独立于政府和企业的，非营利性、非政府性的公益或互益性组织。中外学者对社会组织的研究较多，由于研究视角、文化差异和语言习惯的不同，世界各国不同学者的研究对社会组织的称谓具有差异，如非营利性组织、非政府组织、第三部门、民间组织、公民社会等。虽然称谓不同，但相关学者托马斯·西尔克[1]都认为社会组织是区别于政府和企业，具有非政府性、非营利性、公益性和共益性的组织。2006年以前，我国通常称其为民间组织，十六届六中全会的《关于构建社会主义和谐社会若干重大问题的决定》正式确定了社会组织概念。相关的研究认为将社会组织分为狭义的社会组织和广义的社会组织。狭义的社会组织与国家体系中的政府组织和市场体系中的企业组织相区别，是社会体系的社会组织，是各种具有非营利性、非政府性、志愿公益性或互益性的组织机构，包括社会团体、基金会和民办非企业单位；广义的社会组织分为三个层次：第一个层次的社会组织包括社区基层组织和工商注册非营利组织。第二个层次的社会团体包括人民团体，即中国中央党委序列的工会、共青团、妇联、科协、侨联、台联、青联、工商联等单位；事业单位，即从事科教文卫等活动的社会组织。第三个层次的社会组织包括社会企业，即所得盈余用于扶助弱势社群、促进

---

[1] 托马斯·西尔克. 亚洲公益事业及其法规 [M]. 中国科学基金会, 译. 北京：科学出版社, 2000：284-285.

小区发展及社会企业本身的投资的组织机构和市场中介机构。

体育社会组织概念经历了体育社团、体育非营利组织、体育非政府组织、体育民间组织、体育社会组织的历史演变。卢元镇[1]从功能视角将体育社会组织定义为体育社团，是以体育运动为目的和内容的社团；顾渊彦[2]从心理学视角将体育社会组织定义为为体育实践而人为或自发组织起来的集合体，这些集合体具有共同规范和共同情感；黄亚玲[3]体育社团是以体育活动（或运动）为内容，以实现会员体育愿望，公民自愿成立，自主管理的非营利性社会组织。

结合国内外对社会组织的研究，根据政府购买公共体育服务的实践和我国体育社会组织现实，本研究从体育社会组织的功能出发，将其界定为：公民自愿成立、自主管理的以开展体育竞赛和活动，从事体育训练和指导为目的，以促进体育发展为宗旨的非政府性、非营利性的公益和互益性组织，包括体育社团，体育基金会，体育民办非企业单位等。

三、政府购买公共体育服务

政府购买公共体育服务模式是我国政府创新公共体育管理方式，提高供给的水平与质量，缓解人民群众日益增长的多元化、多层次体育需求与供给不足矛盾的重要举措。该举措是指政府及其体育行政部门通过招投标的方式，将公共体育服务的供给交由服务承接组织来完成，根据其所提供的公共体育服务的数量和质量支付服务费用的一种供给方式。本书的公共体育服务是作为公共服务的教育、文化、社会保障等诸多领域之一的体育领域来讨论的，因此，就购买过程和购买行为来看，与其他领域的公共服务有着诸多的相同点。政府购买公共体育服务属于复杂动态的系统，其购买特征体现在以下几点。

1. 主体多元性

从购买主体间关系来看所涉及的参与主体：购买者、供给者（体育行政部门、购买项目部门），承接者、生产者（体育社会组织、体育私营组织、个人），使用者、消费者（特定公民），评价者和监督者（参与主体与独立第三方组织），

---

[1] 卢元镇. 论中国体育社团 [J]. 北京体育大学学报, 1996, (1): 1-7.
[2] 顾渊彦. 体育社会学 [M]. 南京: 南京师范大学出版社, 1999: 18.
[3] 黄亚玲. 论中国体育社团: 国家与社会关系转变下的体育社团改革 [M]. 北京: 北京体育大学出版社, 2004: 25.

主体间存在多重委托代理关系。

2. 购买多样性

"十四五"时期，人民群众日益增长的美好生活的需要对公共体育服务体系提出了新的更高要求，但面对新形势、新挑战，我国公共体育服务发展还存在很大的挑战，供给不足，优质资源短缺，体育设施配置不尽完善，公共体育服务效能有待提高，因此，政府要转变公共体育服务购买方式。从购买方式来看，有资助、拨款、合同、申请、免税、贷款、贷款担保、健身消费券、场地器材免费提供等多种方式。

3. 供给链条拉长

从供需路径看，公共体育服务的购买者、供给者（体育行政部门、购买项目部门）与使用者、消费者（特定公民）相分离，容易导致供需信息不对称，购买链条拉长；从购买过程来看，政府委托、组织参与、经费投入、绩效评估、财务监管等复杂的购买过程回路，拉长供需链条；从运行环节看，"委托—合作—参与—评估"即政府引导与资助、体育社会组织协调与运作、体育社会组织生产与提供、社会体育力量参与、公共体育服务绩效评估兑现，主体间存在多重委托代理关系，购买链条长。

第二节 国内外研究综述

一、公共体育服务供给主体多元化研究

相关研究认为公共服务的供给和生产可以分开，不同的主体可以参与不同环节公共服务供给。亚当·斯密[1]最早在《国富论》中提出政府并非公共设施唯一的提供主体，私人也可以提供公共物品。公共选择理论代表奥斯特罗姆夫妇运用实例研究了公共服务供给的多元化，提出了公共服务的多中心治理理论[2]，政府可以通过制定政策和标准提供公共服务，社会任何部门都可以完成公共服务

---

[1] 亚当·斯密. 国民财富的性质和原因的研究[M]. 北京：商务印书馆，1996：285.
[2] 文森特·奥斯特罗姆，罗伯特·比什，埃莉诺·奥斯特罗姆. 美国地方政府[M]. 北京：北京大学出版社，2004：100-120.

的生产，欧文·E. 休斯[1]认为公共服务外包成为服务供给的主要形式，通过市场机制，公共服务外包可以提高公共服务供给的质量，降低成本，萨拉蒙[2]提出政府可以与社会组织合作，实现多元化供给公共体育服务。我国学者在20世纪90年代末，关注公共服务供给主体多元化的问题，就公共服务民营化是否会造成国有资产的流失存在争议，刘文俭[3]研究认为民营化不会造成国有资产的流失，而吴易风[4]持有相反的观点，王名[5]认为公共服务供给中，社会组织的参与有利于我国"小政府，大社会"的实现。进入21世纪，我国学者开始将公共服务的市场化、社会化理论引入公共体育服务研究，曹可强[6]从研究公共体育场馆入手，提出改革公共体育场馆管理，公共体育场馆的经营权和所有权相分离，闵健等[7]积极发挥第三部门的作用，郇昌店等[8]研究指出非营利组织具有体育公共物品供给方面的优势，促进体育公共物品供给多。元化、市场化和社会化。

二、政府购买公共体育服务的动因研究

购买公共服务是20世纪70年代末西方发达国家福利制度危机下的新自由主义改革路径[9]，英国、美国、加拿大、新西兰、澳大利亚等西方国家广泛地采取公共服务的多元供给方式，即在政府、企业、社会组织三方普遍推行了以"市场竞争"为杠杆，以"契约管理"为约束的"购买公共服务"模式。进入20世纪90年代，受新公共管理运动的影响，该模式在运行机制中更强调购买主体间合作的理念。"购买公共服务"这一模式自从引入我国后，相关学者对于购买动

---

[1] 欧文·E. 休斯. 公共管理导论 [M]. 北京：中国人民大学出版社，2001：41-50.
[2] 莱斯特·M. 萨拉蒙. 公共服务中的伙伴——现代福利国家中政府与非营利组织的关系 [M]. 北京：商务印书馆，2008：47-50.
[3] 刘文俭. "民营化"不等于"私有化"——关于"民营化"这一国际经济现象的思考 [J]. 中国改革，1992（7）：2.
[4] 吴易风. 关于非国有化、民营化和私有化 [J]. 当代经济研究，1999（10）：3-9.
[5] 王名. 中国的非政府公共部门（上）[J]. 中国行政管理，2001（5）：32-36.
[6] 曹可强. 上海市公共体育场馆经营管理现状与对策研究 [J]. 沈阳体育学院学报，2003（6）：7-9.
[7] 闵健，李万来. 社会公共体育产品的界定与转变政府职能的研究 [J]. 体育科学，2005（11）：3-14.
[8] 郇昌店，肖林鹏. 公共体育服务均等化初探 [J]. 体育文化导刊，2008（2）：29-31.
[9] 莱斯特·M. 萨拉蒙. 全球公民社会：非营利部门视界 [M]. 王名，译. 北京：社会科学文献出版社，2007：31-35.

因进行了多角度的思考和多维度的研究，敬义嘉[1]、苏明等，2010[2]，认为我国社会结构由二元向三元结构转化，社会对公共服务需求呈现多元化的趋势，贾康等[3]认为政府自身公共服务供给不足，供给效率低，导致公众的满意度低，需要政府转变公共服务供给方式。部分学者研究政府购买公共体育服务的动因，主要包括以下观点：引导培育体育社会组织提供服务，是体育行政部门转变管理职能与推动体育社会组织分类改革的需要[4]，是实现公共体育服务供给主体和供给方式多元化的需要[5]，是化解人们体育需求增长且多元化与公共体育服务供给不足且方式单一的矛盾的现实选择[6]；特别是2013年《国务院办公厅关于政府向社会力量购买服务的指导意见》中把公共体育服务作为购买重点领域，进一步丰富相关购买动因研究。

三、政府购买公共体育服务的风险研究

在政府购买公共体育服务的过程中，由于种种不利因素的影响，造成购买主体的实际目标与预期目标发生背离，从而导致购买主体遭受损失。

政府购买公共体育服务由于购买条件和环境因素的制约，存在着诸多的不确定性，造成实际目标与预期目标的负偏差，从而增加购买成本、降低购买质量和购买效率。国外的研究表明，Slyke，从政府购买公共服务实践过程来看，政府没有通过追求充分的竞争实现购买成本的降低，通过"购买服务"仅仅是向公众表明政府为推进政府职能改革做出了努力[7]。凯特尔认为政府购买公共服务过程中，选择有资质的社会组织不容易，市场竞争并不充分，使承接主体不愿意提供服务[8]。

---

[1] 敬义嘉. 中国公共服务外部购买的实证分析——一个治理转型的角度 [J]. 管理世界，2007 (2)：37-43，171.

[2] 苏明，贾西津，孙洁，韩俊魁. 中国政府购买公共服务研究 [J]. 财政研究，2010 (1)：9-17.

[3] 财政部科研所课题组. 政府购买公共服务的理论与边界分析 [J]. 财政研究，2014 (3)：2-11.

[4] 王凯珍，王庆锋，王庆伟. 中国城市老年人体育组织管理体制的现状调查研究 [J]. 西安体育学院学报，2005，22 (1)：1-7.

[5] 白晋湘. 从全能政府到有限政府——市场经济条件下政府体育职能转变的思考 [J]. 体育科学，2006，26 (5)：7-11.

[6] 黄亚玲. 论中国体育社团 [D]. 北京：北京体育大学，2003.

[7] David M，Van Slyke. The Mythology of Privatization in Contracting for Social Services [J]. Public Administration Review，2003，63 (3)：296-315.

[8] 唐纳德·凯特尔. 权力共享：公共治理与私人市场 [M]. 孙迎春，译. 北京：北京大学出版社，2009：132.

此后，Johnston 等[1]探讨了政府的管控能力，认为由于产出的无形性，周期长、产出衡量困难及私人收益下降等原因，政府对购买合同的管控能力低。

国内学者认为政府购买公共服务发展迅速，但实践证明，竞争性的服务购买并没有形成，购买过程中存在着大量腐败、寻租、垄断、成本增加等风险[2]。王浦劬等认为中国政府购买公共服务起步晚，制度不规范，机制不完善，缺乏足够的实践经验和理论指导，缺乏公众支持，缺乏社会氛围[3]。郑亚瑜认为政府向社会组织购买公共服务存在竞争不充分、监管机制不完善政府垄断的风险[4]。基于委托代理理论研究，部分学者剖析了政府购买公共服务模式，吕志奎，认为政府购买公共服务存在合法性、逆向选择、监督风险[5]，谢叶寿等认为政府购买公共体育服务的风险因素主要是公共责任偏离和转嫁、垄断风险、投射和惯性效选择风险[6]。明燕飞等从交易成本理论出发，认为定价不合理是政府购买公共服务风险的主要来源[7]。沈克印认为政府购买公共体育服务的风险包括：政府层面"谁在买"，体育社会组织的缺陷"向谁买"，购买范围的界限模糊"买什么"，购买过程的技术风险"如何买"[8]。王晋伟研究认为政府购买公共体育服务存在供给与需求不契合，腐败、垄断和效率低的风险[9]。

那么，是什么原因导致了上述的风险？Hodge 的研究表明政府购买公共服务没有带来人们想象的缩小政府规模、减少政府开支、提高行政效率的效果；相反由于购买增加了供应链，从而增加了行政成本，购买模式供给公共服务存在着风

---

[1] Jocelyn M, Jonhston, Barbara S Romzek. Contracting and Accountability in State Medicaid Reform: Rhetoric, Theories, and Reality [J]. Public Administration Review, 1999, 59 (5): 51-56.
[2] 周俊. 政府购买公共服务的风险及其防范 [J]. 中国行政管理. 2010, 300 (6): 13-18.
[3] 王浦劬, 郝秋笛. 政府向社会力量购买公共服务发展研究——基于中英经验的分析 [M]. 北京：北京大学出版社, 2016: 63-99.
[4] 郑亚瑜. 政府购买公共服务的风险及其防范 [J]. 改革与开放, 2015, 412 (7): 1-3.
[5] 吕志奎. 政府合同治理的风险及其防范 [J]. 广东行政学院学报, 2017, 19 (5): 11-15.
[6] 谢叶寿, 陈钧. 政府购买公共体育服务的风险及防范措施 [J]. 首都体育学院学报, 2018, 30 (3): 236-238, 254.
[7] 明燕飞, 盛琼瑶. 公共服务合同外包中的交易成本及其控制 [J]. 财经理论与实践, 2010, 31 (6): 93-97.
[8] 沈克印, 吕万刚. 政府向体育社会组织购买公共体育服务的风险规避研究 [J]. 南京体育学院学报, 2016, 30 (6): 9-13.
[9] 王晋伟. 政府购买社会组织体育公共服务的风险管理研究 [J]. 石家庄学院学报, 2017, 19 (6): 100-106.

险。[1] Johnston 等对政府管理外包合同复杂度的分析证实了凯特尔的判断,案例发现:由于承接主体竞争不足、私人获利下降、服务的无形性、产出时间长且难以衡量等原因使得服务合同的监管困难[2]。Aubert 等学者指出风险来源主要包括社会组织、政府和公共体育服务的消费者3大类,重点分析了来自服务的承接者(体育社会组织)的风险:第一,服务的承接者缺乏必要的人力资源、专业技术,存在内部冲突;第二,隐性成本增大,购买服务的公共体育服务供给模式增加了供应链,信息交换成本增大;第三,资金不足。[3] 来自政府的风险:第一,政府购买决策失误。Sandy R. 等,分析了来自政府购买决策的风险,认为详细而准确的信息其是购买决策科学性的基础,如果信息通道受阻,没有足够的信息来源,政府购买很难做出科学合理的决策,导致战略失误,表现为无法有效地把握将要购买的公共体育服务业务及其特征,从而导致其选择了不恰当的体育社会组织或者服务方式。[4]第二,政府不能进行科学全面的成本效益分析。Park. M 等认为政府购买公共体育服务在给服务的承接者(体育社会组织)带来效益的同时,也给其带来了交易成本和代理成本,相关成本无法在事前准确评估与控制,实施过程中就会增加成本,从而导致服务供给风险。[5] 第三,来自政府购买公共体育服务业务方面的风险。Keil M. 等分析了来自服务业务方面的风险,认为对政府购买公共服务业务需求管理不严格,会导致需求的频繁变动,从而对政府购买公共服务业务本身造成影响,不但影响了购买效率,甚至可能会导致购买业务中断,如政府的相关工作人员很少参与,服务承接组织不具备实际业务操作能力,并与实际业务严重脱轨[6]。第四,政府购买公共服务过程中管理与评估不到位。Dhar 等分析了管理和评估的风险,认为政府对社会组织的依赖性太

---

[1] Graeme A. Hodge. Privatization: An International Review of Performance [M]. Oxford: Westview Press, 2000: 185-188.

[2] Jocelyn M, Jonhston, Baxbara S RomzeK. Contracting and Accountability in State Medicaid Reform: Rhetoric, Theories, and Reality [J]. public Administration Review 1999, 59 (5): 48-56.

[3] Aubert B. A., Rivard S., Patry M. A transaction Cost Model of IT Outsourcing [J]. Information & Management, 2004, 41 (7): 21-32.

[4] Sandy R., Sloanc P., Rosentrxuh M. The Economics of Sports: An International Perspective [M]. London: Palgrae/Macmillan, 2004: 69-89.

[5] Park. M, Turner, B. A., Pastore, D. L. Effective Public Service Advertisements to Attract Volunteers for the Special Olympics: An Elaboration Like lihood Perspective [J]. Sport Managemcnt Review, 2008, (11): 165-192.

[6] Keil, Mark, Cule, P. E., Lyytinen, Kalle. A framework for identifying software project risks [J]. Commune: catrons of the ACM, 1998, 41 (11): 76-83.

强或某些政府工作人员责任心缺乏，疏于对社会组织的管理和对购买服务的过程必要的评估和管理[1]，结果导致政府失去对公共服务供给责任本身的控制力，不能达到提高供给质量的目的[2]。相关研究进一步对风险进行了分类。孙荣等将引起风险的原因分内外部原因，外部原因包括由环境和条件的制约引起的可行性风险，信息沟通和交流不畅引起的信息不对称风险，内部原因包括由合同管理不善、质量控制不好等原因引起的合同风险和质量风险[3]。

四、政府购买公共体育服务的模式研究

政府购买公共体育服务的模式是指政府采取什么样的方式和程序进行服务购买的问题，讨论的是根据实际情况采取适当方案提高公共体育服务效率和质量的问题。刘晓苏[4]结合政治、经济和文化特点，根据竞争性程度，将政府购买公共服务的模式分为四种。第一，福利模式，以北欧国家为代表，特点是政府在公共体育服务供给中起决定性作用；第二，大陆欧洲模式，以德国和法国为代表，特点是引入市场竞争，购买公共服务；第三，盎格鲁—撒克逊模式，以英国、美国为代表，特点是通过鼓励社会参与，倡导市场竞争，供给公共服务；第四，东亚模式，以东亚国家为代表，特点是缺乏竞争，市场化程度低。国内学者从政府与社会组织的关系和购买过程中的竞争性来研究政府向社会组织购买公共服务的模式。王浦劬[5]从国外政府购买公共服务的实践中总结出四种模式，即依赖竞争性模式、依赖非竞争性模式、独立竞争性模式、独立非竞争性模式；王名等[6]通过案例研究总结出中国政府购买公共服务的三种模式，即独立竞争性模式、依赖非竞争性模式、独立非竞争性模式；蔡礼强[7]的研究将公共服务供给划分成五种模式：公办公营模式、公办民营模式、合同购买模式、民办公助模

---

[1] Dhar, Subhankar, Balakrishnan, Bindu. Risks, Benefits, Challenges in Global IT Outsourcing: Perspectives and Practices [J]. Journal of Global Information Management, 2006, 14 (3): 39-69.
[2] Earl, M. J. The Risks of Outsourcing IT [J]. Sloan Management Review, 1996, 37 (3): 26-32.
[3] 孙荣，邵健. 基于 WBS RBS 的政府购买公共服务风险识别与防范 [J]. 福建行政学院学报，2016，158 (4): 1-8.
[4] 刘晓苏. 国外公共服务供给模式及其对我国的启示 [J]. 长白学刊，2008 (6): 14-20.
[5] 王浦劬、莱斯特·M. 萨拉蒙. 政府向社会组织购买公共服务研究 [M]. 北京：北京大学出版社，2010: 19-97.
[6] 王名，乐园. 中国民间组织参与公共服务购买的模式分析 [J]. 中共浙江省委党校学报，2008 (4): 25-39.
[7] 蔡礼强. 政府向民间组织购买公共服务研究报告 [M]. 北京：社会科学文献出版社，2011: 78-109.

式、民办民营模式。在体育领域的研究中,我国公共体育服务政府购买的实践也采用了上述模式,如 2015 年上海市市民体育大联赛采用了公开招标的独立竞争性购买模式,2015 年深圳市坪山区购买中小学高尔夫培训服务采用委托合同的独立非竞争性购买模式,2014 年温州市购买万名中小学暑期体育技能培训服务采用的邀请招标的依赖竞争性购买模式,2015 年张家港市全民健身大联赛采用的委托合同的依赖非竞争性购买模式。学者借鉴了国内外公共服务购买模式的研究,结合中国政府购买公共体育服务实际,分析了公共体育服务自身的特点,冯欣欣[1]总结出政府购买公共体育服务的四种模式,即非竞争性硬服务购买模式、竞争性硬服务购买模式、竞争性软服务购买模式和非竞争性软服务购买模式;齐超[2]指出政府购买公共体育服务应该以政府的模式向公私合作为主主导的模式逐步转变;王家宏[3]认为这是一个循序渐进的过程,需要从制度体制构建入手。

五、政府购买公共体育服务运行机制研究

政府购买公共体育服务包括购买范围的确定、招投标、购买过程管理和监督考核等多个环节,要提高政府购买公共体育服务的效率和效果,需要对各个环节进行机制建设。Hastak[4]研究认为,社会公众在政府购买公共服务绩效评估中,应当发挥重要的作用;Alessandro Ancarani[5]将顾客价值模型引入绩效评估中,将公众满意度作为一种衡量尺度,评价政府购买公共服务的质量。奥斯本等[6]的研究认为应当将绩效评估作为一种控制机制,以购买的结果而不是过程来衡量购买活动;E. Revila 等[7]将 DEA 方法引入政府购买服务评估活动中,对评估流程进行了评价。对于评估机制,国内学者也进行了较多的研究。王浦劬等研究认

---

[1] 冯欣欣. 政府购买公共体育服务的模式研究 [J]. 体育与科学,2014,35 (5):43.

[2] 齐超. 社会组织参与体育公共服务供给的现实困境及路径选择——来自上海的启示 [J]. 天津体育学院学报. 2016 (3):252-258.

[3] 王家宏,李燕领,等. 我国公共体育服务体系:过程结构与功能定位 [J]. 北京体育大学学报,2014 (7):1-7.

[4] Hastak, M, Maris, M. B, Morris, L. A. The role of consumer surveys in public policy decision making [J]. Journal of Public Policy & Marketing, 2001 (2):170-185.

[5] Alessandro Ancarani. Supplier evaluation in local public services: Application of a model of valuefor customer [J]. Journal of Purchasing & Supply Management, 2009 (15):33-42.

[6] 奥斯本,盖布勒. 改革政府 [M]. 周敦仁,等译. 上海:上海译文出版社,2006:96-119.

[7] E Revilla, J Sarkis & A Modrego. Evaluating performance of public-private research collaborations: A DEA analysis [J]. Journal of the Operational Research Society, 2003, 54 (2):154-174.

为我国政府购买公共服务的评价和监督体系不完善,难以控制购买成本;魏娜等[1]提出应该建设多元主体参与评估机制,各评估主体应该将评估过程中获得的信息全面有效地反馈给政府;邰鹏峰[2]研究了内地政府购买服务的评估实践,从评估主体、客体、标准和方式分析了评估困境,并提出了相应的对策;徐家良等[3]研究提出了政府购买公共服务的效果、效率和经济的"3E"绩效评价结构,以及事前评估、中期评估、最终结项评估的评估过程;王浦劬基于中英经验的分析,提出了评估的全面性,评估范畴应当涉及购买、承接和使用等所有主体;季璐等[4]认为分析了长江三角地区购买案例的评估模式,解释了评估过程中的协同化、去行政化和合法化问题,应从包括制度环境、公众需求、政府职能、契约合同等方面提高政府购买公共服务评估效果。部分学者也对政府购买公共服务的其他方面的运行机制进行了研究。如李雨洋[5]对政府购买公共服务的需求表达机制进行了研究,分析了目前我国政府购买公共服务需求表达机制存在的问题及原因;马子尧[6]对公众监督保障机制进行了研究,提出了公众监督的必要性和目前存在的问题,提出了公众监督保障机制;陈志伦[7]对市场化监督反馈机制进行了研究,在市场化监督反馈机制的各要素基础上,提出了政府购买公共服务事前和事中监督反馈机制的建设;翁士洪[8]研究了上海市和石家庄市两地的政府向社会组织购买公共服务的实践,提出了加强过程监督,建立多元主体监督机制;倪永贵[9]研究了温州市的购买案例,分析了政府购买公共服务监督方式问题,并提出了构建全方位多元动态监督体系构想。在政府购买公共体育

---

[1] 魏娜,刘昌乾.政府购买公共服务的边界及实现机制研究[J].中国行政管理,2015(1):73-76.
[2] 邰鹏峰.政府购买公共服务的评估困境破解——基于内地评估实践的研究[J].学习与实践,2013(8):108-113.
[3] 徐家良,许源.合法性理论下政府购买社会组织服务的绩效评估研究[J].经济社会体制比较,2015(6):188-189.
[4] 季璐,王青平,范炜烽.社会治理视阈下政府向社会力量购买公共服务评估研究——基于长三角地区的调查[J].江苏社会科学,2016(6):96-102.
[5] 李雨洋.政府购买公共服务需求表达机制的问题——以F社区为例[J].天水行政学院学报,2019(4):55-59.
[6] 马子尧.构建政府购买公共服务公众监督保障机制研究[J].中国政府采购,2018(8):30-33.
[7] 陈志伦,梁晓彤.政府购买公共服务市场化监督反馈机制研究[J].滁州职业技术学院学报,2018(2):61-63.
[8] 翁士洪.政府向社会组织购买公共服务的监管机制研究[J].北京航空航天大学学报(社会科学版),2017(4):24-32.
[9] 倪永贵.政府购买公共服务监督机制创新研究——以温州市为例[J].行政与法,2017(5):1-6.

服务的运行机制方面，部分学者也进行了一定的研究。岑国斌[1]研究了广州市部分社区政府购买体育公共服务案例，分析了供需错位的问题，并提出构建"居民负责""市场导向""社区主导"的政府购买公共体育服务机制；崔建国[2]研究了安徽省政府购买公共体育服务的案例，从减少财政支出视角出发，研究了政府购买公共体育服务的监督评估机制，提出建立专家评估体系；沈克印[3]从监督主体、监督过程、监督方式和监督内容等方面对政府购买公共体育服务的监督机制进行了研究，提出了合理监督机制、信息共享机制和责任追究机制；郑旗[4]研究了我国地方政府购买公共体育服务过程中的政策执行问题，并提出了完善法规制度、强化政策工具的引领作用等措施；张小航等[5]研究了政府购买公共体育服务的财政保障机制，指出了我国政府购买公共体育服务财政保障范围和结构、资金预算和支付方面的问题，并提出完善财政预算制度和支付制度等建议。

六、国内外研究评述

上述研究成果为本研究提供了有益的借鉴与参考，但是相关研究亟待进一步丰富。

其一，西方发达国家公共体育服务的实践较早，政府购买公共体育服务的理论研究成果较丰富，但中西方在政府购买公共体育服务的发展阶段、环境、基础等方面存在不同，我国需要建立符合中国国情的政府购买公共体育服务的运行机制。在公共选择理论和新自由主义的推动下，西方政府将市场竞争机制引入公共体育服务供给，采取竞争性购买公共体育服务模式，这与西方发达国家在政府购买公共体育服务方面具有比较好的基础密切相关。它们拥有大量发展较好的非营利性体育社会组织，能够承接政府转移出来的公共体育服务；有相对发达的市场竞争环境，为公共体育服务购买营造公平、公开、公正的竞争环境和氛围；还有相对成熟与完善的购买服务方面的法律法规以规范购买行为、减少购买风险。在

---

[1] 岑国斌. 政府购买城市社区体育公共服务机制建设研究 [J]. 广州体育学院学报, 2018 (6): 27-40.
[2] 崔建国. 安徽省政府购买公共体育服务运行机制优化及实施路径研究 [J]. 赤峰学院学院（汉文哲学社会科学版），2018 (4): 74-76.
[3] 沈克印. 政府购买公共体育服务的监督机制研究 [J]. 体育成人教育学刊, 2017 (4): 53-57.
[4] 郑旗. 我国地方政府购买公共体育服务政策执行机制 [J]. 北京体育大学学报, 2017 (6): 19-26.
[5] 张小航, 杨华. 政府购买公共体育服务中的现代财政保障机制研究 [J]. 天津体育学院学报, 2018 (3): 185-190.

我国，政府购买公共体育服务不但承载着政府及其体育职能部门创新群众体育管理、改革政府单一供给方式、提高供给的水平与质量、满足人们日益增长的多元化体育健身需求的责任，更是要遵循"党委领导、政府主导、社会参与、全民行动相结合"的公共体育服务供给原则。我国的市场经济不完善，体育社会组织也很有限，服务承接组织的竞争性不足和相关政府购买公共体育服务的法制不健全、制度规定不够完善。

其二，相关研究对运行过程中出现的问题有所关注，但研究不够系统和深入。国内学界对购买过程中存在的问题有所关注，如寻租腐败、购买行为"内部化"、体育社会组织（生产者）垄断、体育社会组织培育不足、增加交易成本、非均等化、逆向选择、体育社会组织成为政府的延伸、购买标准不清晰、政府责任模糊、组织处于弱势、合作关系成雇佣关系、"体育软服务"评价与监管缺失、成本难以控制等。运行机制研究本身是一个系统性非常强的课题，相关研究较少从一个系统的角度看待政府向体育社会组织购买公共体育服务，从系统中审视我国政府向体育社会组织购买公共体育服务的关键机制创新问题。相关研究对政府购买公共体育服务的影响因素的分析以静态分析为主，没有对影响因素，进行动态分析，不利于购买服务管理水平和能力提高，更不利于降低购买的不确定性。运用系统动力学研究政府向体育社会组织购买公共体育服务的优势为：用系统、动态、连续观点来看待整个购买过程，通过对政府购买公共体育服务系统的分析，观测在影响、绩效和控制策略动态运行中的影响因素作用大小，科学地反映影响因素在整个系统中的影响力，科学创新运行机制。

其三，相关研究方法多运用文献分析法与案例分析法，缺少定量研究方法。本研究把政府向体育社会组织购买公共体育服务看成一个有内在逻辑、相互影响的系统，从购买影响因素识别、分析、评价、控制等方面进行系统量化研究。

第三节 理论基础

从国外研究来看，20世纪中期以来，随着国家发展和社会变迁，公共管理问题越来越被关注，成为公共话语，并强化了人们对公共行政部门公共治理领域研究的理论自觉。公共服务供给问题的研究从社会层面，再到经济层面，最后向技术层面发生了重大转换，使其成为国家治理、政府公共治理的核心议题。从国内研究来看，自从20世纪90年代政府购买公共体育服务进入中国以来，学者对公共体育服务公私多元合作的共识、风险和模式等方面进行了研究，并逐渐向政府购买公共体育服务的方式与机制转变。从理论渊源来看，20世纪中期以来在西方发达国家兴起的委托代理理论、治理理论、系统动力学理论为政府购买公共体育服务风险管理提供了强有力的理论支撑。

一、委托代理理论

美国经济学家伯利和米恩斯通过研究企业的所有权和经营权，提出了"委托代理理论"，指出企业同时拥有所有权和经营权的弊端，提出企业应让渡经营权利。[1] 随着学者对委托代理关系的研究，委托代理理论得以发展。Hart. O 等认为由于"专业化"的存在[2]，委托代理行为能够使企业利润增加，罗斯，詹森等提出在代理人代表委托人行使有利于委托人的利益时，签订契约建立委托代理关系，能够为委托人带来利益[3][4]。"政府向体育社会组织购买公共体育服务"就是委托代理的关系，从运行机制来看，其把原本由政府生产的公共体育服务义务，以合同委托的形式委托给体育社会组织，政府只是转移公共体育服务生产义务并未转移公共体育服务供给义务，也就是说政府在委托代理关系中仍然是供给主体，负有公共体育服务供给义务，而承接公共体育服务生产的体育社会组织作为公共体育服务代理生产方，负有生产义务。就其购买行为来说，多元主体围绕公共体育服务的供给，以合同的形式明确各参与供给主体权利义务的责任划分。

随后研究表明委托代理关系并不总是带来利润的上升，由于信息不对称和不确定的存在，就会产生委托代理问题，偏离目标函数。Jensen 等，通过成本概念，分析了信息不对称带来的监督成本问题，并分析了信息不对称及监督困难引起的逆向选择风险和道德风险。政府向体育社会组织购买公共体育服务中的委托代理关系造成的相关问题表现在：政府与体育社会组织的委托代理关系存在信息不对称，体育社会组织可能为了争取代理权而故意隐瞒信息或扭曲信息，政府也

---

[1] 伯利，米恩斯. 现代股份公司与私有财产[M]. 台湾：台湾银行出版社，1982：66-78.
[2] Hart. O, Holmstrom B. Theory of contract In Advances in Economic Theory: Fifth World Congress [M]. London : Cambridge University Press, 1987：79-125.
[3] 科斯，阿尔钦，罗斯. 财产权利与制度变迁——产权学派与新制度学派译文集[M]. 上海：上海人民出版社，2000：198-209.
[4] 詹森，麦克林. 企业理论：管理行为、代理成本与所有权结构[M]. 上海：上海人民出版社，1988：213-223.

可能处于自身利益的考虑故意隐瞒信息，造成信息的不对称，从而引发逆向选择风险、道德风险、垄断风险、增加监督成本、造成政府购买公共服务的总成本上升、服务质量下降等问题，因此需要建立相关的机制，降低政府购买公共体育服务的风险。委托代理理论的相关研究，如 Kenneth J 认为通过建立完善的激励机制和监督机制能减少委托代理问题带来的风险[1]，平迪克等认为通过激励机制能解决委托代理问题带来的风险[2]为本研究提供了理论指导和方法指引。

二、治理理论

20 世纪 70 年代，在公共服务供给的市场失灵和政府失灵基础上，约瑟夫·E. 斯蒂格利茨的相关研究认为政府和市场供给不一定带来公共服务想象的效果，政府不是必然的公共体育服务供给者，公共体育服务包括生产和供应两个不同性质的阶段，地方政府的主要工作是供应而不是生产[3]，罗纳德·J. 奥克森，认为政府向其他生产者购买服务是可行的[4]，后来以萨拉蒙为代表提出公共服务除面临市场失灵和政府失灵以外，还面临志愿失灵即志愿失灵理论，指出政府在公共体育服务外包给非政府体育组织的生产过程中，非政府体育组织仍然存在诸如慈善不足、家长作风、业余性、对象的局限性等缺陷导致志愿失灵。[5] 进入 20 世纪 90 年代，以奥斯特罗姆等为代表的学者纷纷提出治理理论，认为治理是公共主体、社会主体、市场主体甚至公民个人共同管理公共事务的方式[6]，治理主体方面强调主体化，治理运行方面强调交互式管理、治理权威组织和公民的认同和参与[7]。治理意味着公共体育服务的政府主体、社会主体和市场主体以新的参与方式来共同参与和管理公共体育服务，应对其复杂性、多样性和动态性。实践上，20 世纪 90 年代美国率先实施"以公民为中心"的公共体育服务治

---

[1] Kenneth J Arrow. 组织的极限 [M]. 陈小白，译. 北京：华夏出版社，2014：156-178.
[2] 平迪克，鲁宾费尔德. 微观经济学 [M]. 李彬，译. 北京：中国人民大学出版社，2009：256-302.
[3] 约瑟夫·E. 斯蒂格利茨. 公共部门经济学 [M]. 郭庆旺，译. 北京：中国人民大学出版社，2005：236-253.
[4] 罗纳德·J. 奥克森，万鹏飞. 治理地方公共经济 [M]. 北京：北京大学出版社，2005：123-156.
[5] 王浦劬，萨拉蒙. 政府向社会组织购买公共服务研究：中国与全球经验分析 [M]. 北京：北京大学出版社，2010：112-145.
[6] 奥斯特罗姆，帕克斯，惠特克. 公共服务的制度建构 [M]. 宋全喜，任睿，译. 上海：上海三联书店，2002：102-135.
[7] 埃莉诺·奥斯特罗姆. 公共事物的治理之道 [M]. 余逊达，陈旭东，译. 上海：上海译文出版社，2010：55-78.

理，随后在欧美等西方发达国家广泛实践，认为应缩减政府规模，建立激励机制，鼓励社会主体和市场主体参与，其核心是政府、市场和社会主体共同参与公共体育服务供给和管理，不断沟通和协调，相互信任，从而挖掘多元主体的供给能力，从制度和机制上改善公共体育服务的供给。20世纪90年代，英国政府建立了文化媒体和体育部（DCMS），提出政府与社会、政府与市场广泛密切合作，提高英国体育人口比例。[1] 治理理论重新审视政府、市场主体与社会主体在公共体育服务供给中的角色与关系，为解决公共体育服务供给的问题和困境、公共服务供给的运行、以及政府与其他主体的关系治理提供了一种可借鉴的思路。

从我国公共体育服务的实际情况来看，"总量不足""供给不均""结构失衡"问题凸显，公共体育服务需求超出了政府单一主体的能力，也超出了政府主体与市场联合的供给能力，出现了"政府失灵""市场失灵"。[2][3] 公共体育服务的供给呈现出市场、社会、公民个人等多元主体迅速生成并参与治理的局面。因此，需要推进政府职能改革，拓宽公共体育服务的资源，提高供给水平和质量，满足人们的多元体育需求[4]。公共体育服务多元主体的参与，要求政府对公共体育服务供给的"政府一元模式""政府、市场二元模式"的治理模式进行内生性的转变，有学者提出适应我国群众体育发展的"政府、市场、社会协同治理"[5][6]。

三、系统动力学理论

系统动力学（System Dynamics，简称SD）是由美国麻省理工学院J. W. Forrester教授于1956年提出的分析和研究系统信息反馈的学科。它是以系统论为基础，结合信息论和控制论来分析复杂、动态、非线性关系的系统结构体系，通过因果链及表达式来模拟和验证系统内各要素的相互关系和相互作用，将复杂、动

---

[1] 戴健，郑家鲲. 我国公共体育服务体系研究述评 [J]. 上海体育学院学报，2013，37（1）：1-8.

[2] 刘青，蒋志学，卿平等. 新时期政府发展体育事业的职能及职责的界定 [J]. 成都体育学院学报，2004，30（6）：7-11.

[3] 花勇民，彭器. 西方体育治理理论与实践研究 [J]. 吉林体育学院学报，2014，30（5）：14-16.

[4] 杨桦，任海. 我国体育发展新视野：整体思维下的跨界整合 [J]. 北京体育大学学报，2014，37（1）：1-8.

[5] 汪流. "国家—社会"分析框架下的中国体育社会组织研究：回顾与思考 [J]. 西安体育学院学报，2016，33（4）：385-389.

[6] 裴鹏，付甲. 善治理论视角下国家体育公共服务的"多元治理"模式研究 [J]. 沈阳体育学院学报，2013，32（2）：24-26.

态、非线性系统构建成直观、联动和整体模拟模型，通过结构—功能分析和解决复杂、动态和反馈性系统问题的方法[1]。20世纪70年代末，系统动力学逐步在企业管理、城市规划和国家发展等领域展开应用，并取得了较大的发展[2]，通过建立系统动力学模型能够对系统做定量分析，以及作动态的、战略性的决策。系统动力学的核心是把事物看成一个具有反馈性和动态性的系统，系统内的要素相互影响，互相作用，并能将要素间的相互作用和影响的关系通过计算机模拟进行仿真。

第一，反馈性。反馈是指信息在信息通道上的传递并形成回路。反馈是系统动力学的一个核心概念，通常用因果关系图和系统流图来表示系统要素的反馈结构。因果关系图能够清晰简洁的表示系统内部各要素相互关系和相互影响，与人的逻辑思维相一致，能够帮助人们理解系统的结构和要素的作用，辅助管理过程中的决策。本研究中政府向体育社会组织购买公共体育服务的影响因素，以及它们之间相互作用的关系构成了因果关系闭合回路图。反馈形成的闭合回路可以解决一般数学方法难以应对的高阶、非线性、动态问题，并通过计算机软件对系统行为进行模拟，取得足够的管理决策所需的信息。

第二，动态性。动态性是指系统内各要素不是静止的，各要素之间的相互影响和相互作用能够使各要素随时间的变化而变化，这种变化具有一定的规律性。系统动力模型的建立和模拟能够直观地反映要素间作用的规律性。政府向体育社会组织购买公共体育服务的影响因素间的相互作用会引起其他要素随着时间变化而不断变化，不仅如此，影响因素、购买绩效和控制策略之间也会相互作用和影响，通过因果关系反馈环达到相对的动态平衡，且有一定的规律。

第三，模拟性。系统动力学通过计算机软件建模，能够使系统要素的作用过程图示化，便于综合考虑多方面的信息、数据和资料，使对系统的研究更科学。

第四，延展性。系统动力学有很强的延展性，被应用于对多因素共同作用的研究对象时，可以将系统构建成一个直观简单的模型，根据研究需要进行系统模拟工作。[3] 本研究将政府购买公共体育服务的阶段进行分解，将整个系统分解成影响力子系统、管理子系统和绩效子系统，并将各子系统有机结合，建立了系

---

[1] Young W. F. Tests for building confidence in system dynamics models [J]. TMS studies in the Managment Sciences. 1980 (14): 209-228.
[2] 王其藩. 系统动力学 [M]. 上海: 上海财经大学出版社, 2009: 125-134.
[3] 贾仁安. 系统动力学 [M]. 北京: 高等教育出版社, 2002.

统动力学模型，可以将一个简单的模型延展为一个十分庞大复杂的承载着大量信息的模型。

从系统的角度来看，政府向体育社会组织购买公共体育服务是一个由多主体和多要素所构成的为有效供给公共体育服务而形成的有机整体，这个系统包含购买者、供给者（体育行政部门、购买项目部门），承接者、生产者（体育社会组织、体育私营组织、个人），使用者、消费者（特定公民），评价者、监督者（参与主体与独立第三方组织）四个参与主体。这些参与主体在围绕着公共体育服务供给的委托——代理关系中不断地进行着各种信息、实物及资金的交换，这些都决定了政府向体育社会组织购买公共体育服务这一系统是一个动态的复杂系统，而政府向体育社会组织购买公共体育服务运行机制的目标就是协调各个购买主体，保证动态系统发挥最大的功效，防范潜在风险，保障公共体育服务的供给。因此，运用系统动力学的思想和方法对政府购买公共体育服务进行研究是十分适用的。系统动力学系统的、动态的、连续的观点可以克服本研究静态分析问题的不足。

本研究选用系统动力学理论和方法，首先，对政府向体育社会组织购买公共体育服务运行主体、客体、影响因素进行了深入的分析，通过访谈调研和案例分析，获取必要的数据信息，确定影响因素和致因因子。其次，确定系统模型的边界和基本结构，构建政府向体育社会组织购买公共体育服务因果关系图和系统流图，结合系统动力学方程，深入分析政府向体育社会组织购买公共体育服务的运行机理。

第四节 理论分析框架

在对政府购买公共体育服务现有相关文献研究和理论基础研究的基础上，提出了本研究的分析框架（如图2-1所示），作为后续研究的总体指导。

该分析框架认为，政府向体育社会组织购买公共体育服务运行机制研究应始于现有的运行机制的分析。首先，本研究运用访谈法和案例分析法，借助扎根理论分析工具对政府向体育社会组织购买公共体育服务的运行流程进行了深入的分析，确定了整个购买运行过程、环节和活动及涉及的利益相关者。其次，通过科学的方法识别政府向体育社会组织购买公共体育服务的影响因素和致因因子，并列出影响因素和致因因子的清单和类别，定性说明各影响因素的特征。再次，通过建立影响因素、绩效和控制策略的关系，对影响因素、绩效和管理策略的运行规则和传导路径进行分析，分析政府向体育社会组织购买公共体育服务的影响因素作用机理，研究它们如何发生、怎样相互作用和联系的过程，同时，通过科学的方法，评价各影响因素和致因因子的重要性程度，并找出政府购买公共体育服务的关键影响因素和致因因子。最后，针对关键影响因素和致因因子，研究政府向体育社会组织购买公共体育服务关键运行机制的创新。

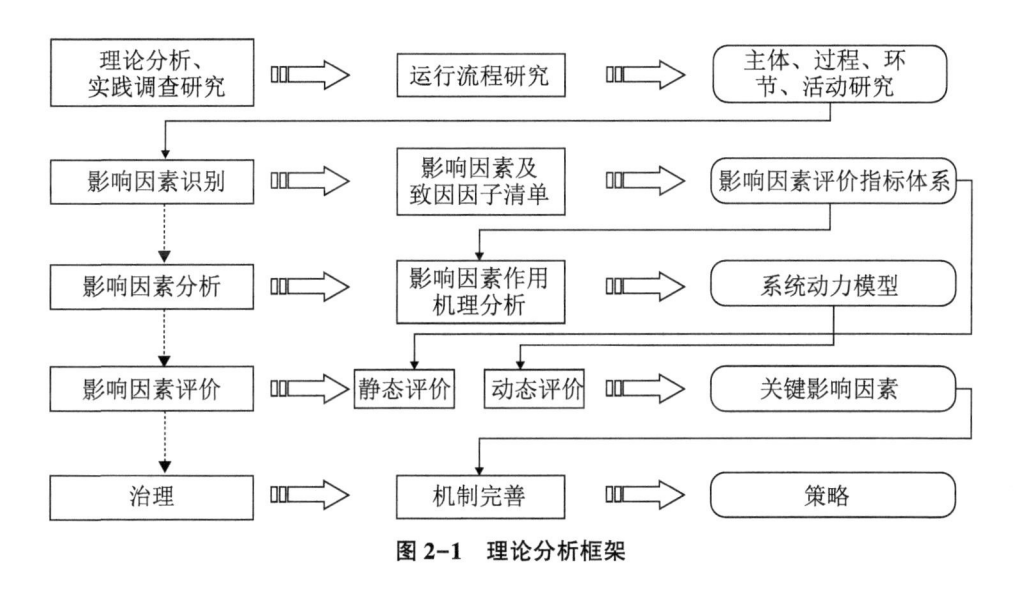

图 2-1 理论分析框架

该分析框架是连续递进的过程，下一步的研究需要以上一步的研究为基础。也就是说，政府购买公共体育服务的购买过程、相关环节、具体活动和利益相关者的研究是以现有购买实践的运行流程为基础，影响因素和致因因子的识别和分析是以政府购买公共体育服务的购买过程、相关环节、具体活动和利益相关者的研究为基础，机理的研究则要以识别出的影响因素为主要对象，结合绩效、绩效差距和控制策略，从而建立政府购买公共体育服务的系统动力模型，影响因素的评价则是以识别所建立的影响因素评价指标体系为基础，而关键运行机制创新则要以影响因素评价的研究结果为依据。

第三章
政府向体育社会组织购买公共体育服务的运行流程研究

第一节 政府向体育社会组织购买公共体育服务的典型案例

一、苏州市政府向体育社会组织购买公共体育服务案例分析

（一）苏州市政府向体育社会组织购买公共体育服务案例的典型性说明

2013年，江苏省与国家体育总局签订协议，将江苏省作为公共体育服务体系建设国家示范区。苏州市出台了《苏州市政府办公室关于推进苏州公共体育服务体系示范区建设的实施意见》，其中提出：2016年，苏州市各县级市、区全面完成公共体育服务体系省级示范区建设，基本建成网络健全、城乡一体、惠及全民、可持续发展的具有苏州特色的公共体育服务体系。为此，苏州市政府加大了政府购买公共体育服务购买力度，培育和完善体育社会组织，并把体育赛事服务作为政府购买公共体育服务的重点领域。

（二）苏州市政府向体育社会组织购买公共体育服务总体概况

1. 苏州市加大了政府购买公共体育服务的数量和购买资金

2016年，苏州市逐步加大了政府购买公共体育服务数量和资金的投入。2016年、2017年、2018年，苏州市政府分别投入了518.32万元、742.72万元、990万元，购买数量分别为47个、61个和78个，政府购买公共体育服务的类别多样化，涉及公共体育赛事活动服务、公共体育培训指导服务、公共体育宣传服务、公共体育服务平台建设和其他类，其中，公共体育赛事活动服务购买数量增

加最多，从2016年的37项增加到2018年的67项，2018年，政府购买的公共体育赛事活动服务占整个购买服务的85.9%。具体如表3-1所示。

表3-1 2016—2018年苏州市政府购买公共体育服务项目购买资金、数量及类别一览表

年份	购买资金（万元）	数量	赛事活动	培训服务	宣传服务	平台建设服务	综合类
2016	518.32	47	37	4	2	2	2
2017	742.72	61	49	4	4	2	2
2018	990	78	67	3	6	1	1

资料来源：课题组对2016年、2017年、2018年苏州市政府购买公共体育服务项目的通知及2016年、2017年、2018年苏州市体育工作总结的通知相关资料整理。

2. 苏州市加大了体育社会组织的培育和管理

为了提高体育社会组织的能力，加强体育社会组织的服务功能，苏州市大力加强体育社会组织的培育，完善体育社会组织网络。自2015年以来，苏州市体育社团和体育俱乐部都有大幅度增长，2018年体育社团达到了300个，体育俱乐部达到了1586个。2016年以来，苏州市体育局对体育协会和体育俱乐部等体育社会组织的建设稳步推进，不断完善体育社会组织的考评。截至2021年底，苏州市市属体育社团已实现3A级全覆盖，4A级以上社团数量及占位比位居全省前列[1]。具体如表3-2所示。

表3-2 2015—2018年苏州市体育社团和体育俱乐部数量情况一览表

年份	新增体育社团	总数	新增体育俱乐部	总数
2015	4	239	20	1506
2016	5	244	33	1539
2017	4	288	24	1563
2018	2	300	23	1586

（三）苏州市政府向体育社会组织购买公共体育服务具体案例

为了加强群众体育建设，推动体育舞蹈的发展，2016年苏州市体育局通过

---

[1] 苏州市体育总会多措并举推动苏州市体育社会组织加强自身建设 [N]. 2021-12-16.

政府购买的方式举办了首届万人体育舞蹈节，购买服务包括了项目公布、项目申报、资格评审、专家评审、项目公示和项目实施等流程。为了更好地完成购买服务，苏州市体育局召开了政府购买公共体育服务部署，并在苏州市体育局网及苏州体育信息网等媒体公布。符合条件的体育社会组织及其他社会力量将自己的基本情况、承办该项目的相关设想等具体方案和优势、预计项目将达成的目标及经费预算等方面作为申报材料提交苏州市体育总会秘书处，苏州市体育局相关机构对申报材料进行申报资格审查，再由专家评审，当场打分，审核通过后向社会公示。苏州市第三届万人体育舞蹈节是由苏州市体育总会和苏州市体育舞蹈运动协会主办，苏州普滤得净化股份有限公司承办，苏州市市民健身活动中心下属各协会、体育舞蹈俱乐部及培训中心协办的体育舞蹈比赛。比赛项目包括摩登舞、拉丁舞、爵士舞、街舞、交谊舞等舞种，包括单人、双人和六人舞的组别，共计参赛选手达1500余人。比赛以培训中心、体育舞蹈协会、体育舞蹈俱乐部及其他地区的体育舞蹈相关单位参赛，按照中国体育舞蹈竞赛规则进行评分，并评选相应的名次和奖励。此次购买服务，除上述活动的组织和管理之外，还必须进行现场满意度调查和不少于5家媒体的报道。

二、北京市政府向体育社会组织购买公共体育服务案例分析

（一）北京市政府向体育社会组织购买公共体育服务典型性说明

北京市作为我国的政治文化中心是较早进行政府购买公共服务的城市之一。北京市及各辖区先后出台了诸多政府购买公共服务的政策，如2006年，海淀区率先出台了《关于政府购买公共服务的指导意见（试行）》。2011年，北京市出台了《政府购买社会组织服务项目指南》；2014年，北京市出台了《北京市关于政府向社会力量购买服务的实施意见》及相关文件，还有《北京市2014—2015年市级政府向社会力量购买服务指导性目录》；2015年，北京市颁布了《使用市级社会建设专项资金购买社会组织服务项目申报指南》；2016年，北京市通过了《政府购买服务支持社会组织培育发展的实施意见》；2019年，北京市出台了《北京市政府购买服务预算管理办法》，相关政策促进了政府向体育社会组织购买公共体育服务的制度化和规范化。北京市奥运会成功举办后，北京市群众体育需求日益增长，体育公共服务需求剧增，并呈现多层次和多元化的特点，特别是北京市提出建设"国际一流的和谐宜居之都"战略定位以来，北京市加大了政府

购买体育公共服务力度。北京市较早的政府购买实践和建立的一套规范化、制度化的发展模式，为我国其他城市和地区政府购买公共体育服务积累了宝贵的经验，提供了较好的借鉴。

（二）北京市政府向体育社会组织购买公共体育服务总体情况

伴随着经济体制不断完善、政府职能的改革及民主化建设的不断推进，北京市的体育社会组织不仅数量不断增加，种类多样化，而且在独立性和社会参与度等方面也加大发展。截至2017年，北京市共建有87个市级体育协会，531个区级体育协会，7893个全民健身站点，他们在推动全民健身活动的开展，促进全民健身科学化等方面起着积极的作用。但无论是市级还是区级体育社会组织，都普遍存在人才、经费和场地等方面的问题。调查研究表明[1]北京市区县高达43.8%的体育社会组织不能满足自身的日常开支，65%的体育社会组织经费来源于政府补贴，19.4%的体育社会组织生存很困难，48.6%的体育社会组织生存较困难，经费短缺成为制约体育社会组织的发展，发挥社会服务功能的瓶颈。为了加强社会治理，发挥体育社会组织公共服务的优势，满足北京群众健身需求，北京市政府采取多种措施加快发展体育社会组织。如《北京市"十二五"时期社会建设规划纲要》中，将北京市体育生活化社区建设作为重要内容，旨在健全全市2717个社区全民健身公共服务体系，达到体育社区生活化标准。通过政府向体育社会组织购买公共体育服务，来促进全民健身活动的开展，促进体育社会组织的发展成为北京群众体育发展的重要方式，如北京市体育局、民政局、社会建设工作办公室等多个政府部门开始了政府向体育社会组织购买公共体育服务的实践。为了解决体育社会组织的经费问题，北京市财政局、体育局、民政局和社工委通过政府购买公共体育服务的方式，每年投入经费近300万元。北京市民政局在2009—2016年间，利用福利彩票基金投入约200万元向北京市回春保健操协会等32个体育社团购买公共体育服务；北京市社会建设工作办公室在2011—2016年间投入市级社会建设专项资金700余万元，向26个体育社会组织购买公共体育服务，仅2015年，北京市社会建设工作办公室向8个体育社会组织购买了9项体育公共服务；北京市体育局通过体育彩票公益金和政府财政资金，加大对体育社会组织的投入，2014年财政预算投入409.25万元，2015年财政预算投

---

[1] 汪流. 北京区（县）体育社会组织的现状调查与分析[J]. 河北体育学院学报, 2017 (11): 24-30.

入 425.86 万元用于促进社会体育组织的发展；2018 年，北京市体育局政府购买公共服务的经费达 6179.45 万元。

(三) 北京市政府向体育社会组织购买公共体育服务典型案例

1. 案例背景：全国学生体质健康调研数据表明，我国青少年体质持续下降，耐力素质、速度素质等持续降低，近视率、肥胖率居高不下，青少年体质健康成为国家发展的重大问题。为了提供专业的体质监测、针对性的运动及健康管理服务，形成科学系统的体质健康管理办法，2012 年，北京市社工委购买了"强我少年"工程项目。

2. 购买主体：北京市社工委。

3. 购买内容：体质检测，测量中小学生肌肉、蛋白质、骨量和脂肪等体质相关数据；运动数据和环境调查，统计中小学生运动负荷、运动时间及方式等数据信息；饮食习惯和环境调查，统计中小学生食谱、进餐地点和方式等数据信息；提供体质检测、运动数据和环境、饮食习惯和环境分析报告；根据分析报告，制订运动干预方案和饮食干预方案；为相关部门提供监测调研数据。

4. 承接主体：北京市中小学体育运动协会。

5. 购买资金：2012 年，项目申请的购买经费为 15 万元，实际使用经费为 25.15 万元。

6. 购买方式及流程：北京市社工委将购买相关材料传达给北京市体育总会，北京市体育总会再将其传达给北京市中小学体育运动协会，北京市中小学体育运动协会提交购买申请书，经北京市体育总会进行初步审查后上报给北京市社工委，由北京市社工委相关人员进行最终评审和确认，最后由北京市社工委与北京市体育总会签订合同。

7. 绩效评价：北京市体育总会对项目的实施和最终完成情况进行初步审核，北京市社工委根据北京市体育总会的审核情况，组成由北京市社会建设工作领导小组办公室人员和外部专家构成的评估小组进行后期绩效评估。

三、上海市政府向体育社会组织购买公共体育服务案例分析

(一) 上海市政府向体育社会组织购买公共体育服务案例的典型性说明

上海市是我国改革开放的前沿，是中国经济第一城。政府购买公共服务作为

政府治理重要方式，最早在上海市实践并逐步向全国推广。1995年，上海市浦东新区社会发展局委托上海市基督教青年会代管罗山市民会馆，将社区公共设施交给社会团体进行经营管理，开启了我国政府和社会力量合作供给公共服务的先河。随后的20多年，上海市及各区县政府在政府购买公共体育服务方面进行了积极探索，积累了丰富的实践经验。

（二）上海市政府向体育社会组织购买公共体育服务基本情况

随着上海市经济的发展，上海市民体育公共服务需求剧增，且体育公共服务需求多样化。如何提高公共体育服务供给的质量和水平，转变传统的公共体育服务供给模式，满足上海市民日益增长的多样化公共体育服务需求成为上海市社会治理的重要课题。上海市出台了一系列关于政府向体育社会组织购买公共体育服务的制度规范。2010年上海市发布了《关于规范政府购买社会组织公共服务实施意见（试行）的通知》，明确提出政府购买公共服务的指导思想、内涵、原则和规程；2011上海市年发布了《关于进一步加强社会组织建设的指导意见》，明确提出通过政府购买公共服务的机制，加大社会组织建设；2012年上海市发布了《上海市市级政府购买公共服务项目目录》，完善了政府购买公共服务的范围；2015年上海市发布了《关于进一步建立健全本市政府购买服务制度的实施意见》促进了上海市及各区县政府购买公共服务的规范，推动高效的购买实践。

上海市各级政府加大了资金投入，不断推进政府向体育社会组织购买公共体育服务，扩大购买范围，加强购买力度。如2006年，上海市静安区政府开始了政府购买公共体育服务的试点，向静安区公益场所管理服务中心通过形式性购买的方式购买公共体育服务；2012年，上海市静安区政府出资4500余万元，推出购买项目179个，通过直接委托、竞争性谈判和公开招标向有关社会组织购买公共服务，通过各种形式资助社会组织的发展，如上海市静安区每年给予社会组织1500万元的资助和奖励，上海市闵行区通过政府购买服务的形式，安排约2.3亿财政资金用于政府向社会组织购买公共服务，2011年，上海市浦东新区塘桥街道安排1200万元用于政府购买公共服务。2013年，上海市闵行区政府向上海市闵行区体育总会、上海市太极拳协会等体育社会组织购买体育培训服务、体育比赛服务等公共体育服务，共计达30.62万元。2013年，上海市杨浦区首批政府向体育社会组织公共服务项目——"每天一小时，远离亚健康"项目预算资金6.5万元、"延吉社区文化体育俱乐部委托管理"项目共计资金48万元、"长白新村街道百姓健身屋项目委托管理"项目共计资金 20 万元,[1] 足见政府主导型的资助涉入之多、之广。2014 年,上海市体育局通过政府购买公共体育服务的形式,将市民体育大联赛的系列赛事交给 30 个体育社会组织,包括网球体育协会等 27 家市级、2 家区级体育协会和 1 家体育俱乐部。2016 年,上海市浦东新区政府投入资金 39.8 万元向上海市浦东新区体育管理指导中心购买 30 分钟生活圈社区运动场项目建设。

(三) 上海市政府向体育社会组织购买公共体育服务典型案例

1. 案例背景:为了推进"全民健身,健康上海"的建设进程,满足市民对体育赛事服务的需求,培育体育社会组织等社会力量参与公共体育服务,2016 年,上海市以购买第二届市民运动会总决赛为抓手,整合赛事资源,创新办赛机制,积极探索政府购买体育赛事服务的实践。

2. 购买主体:上海市体育局。

3. 购买内容:上海市第二届市民运动总决赛的 67 项赛事服务。

4. 承接主体:包括通过单一来源采购方式成交的上海市象棋协会,上海市健美协会,上海市秧歌协会等 33 家市级、区级单项体育运动协会,上海培生船艇有限公司等 3 家体育企业,上海聚骄文化传媒有限公司 6 家传媒机构、2 家体育俱乐部和上海市武术运动管理中心 1 家运动管理中心;通过竞争性磋商方式成交的上海市跆拳道协会,上海市网球协会等 7 家市、区级体育协会,上海奥林实业有限公司等 9 家企业和上海羽毛球运动发展中心 1 家市级运动管理中心。

5. 购买资金:包括专项扶持资金和赛事奖励两部分。专项扶持资金预算为每项赛事购买经费 10 万元,作为赛事启动资金。在赛事举办完成后,依据评价实施标准,对每项赛事服务进行评分,划分档次,每十名为一档,共六个档次,发放 20 万到 5 万元不等的资金奖励。

6. 购买方式及流程:2016 年 4 月 1 日,上海市体育局委托招投标代理机构在中国招标和采购官方网站上公开发布竞争性磋商公告,邀请具有总决赛能力和资质的体育社会组织、企业和运动管理中心进行磋商,但部分项目只有一家单位响应磋商,最后采取了"单一来源采购"的方式进行购买。上海市体育局委托招

---

[1] 郭修金,戴健. 政府购买体育社会组织公共体育服务的实践、问题与措施——以上海市、广东省为例 [J]. 上海体育学院学报,2014,38 (3):7-12.

标机构制作招标文件、评标办法，对有承办赛事意向的单位进行招标培训，确认招标方案、招标文件等材料，得到上海市财政批复后开展招标，在上海市政府采购网发布招标公告、供应商购买标书，召开竞争性磋商评审会，专家组由政府采购专家及一位采购人代表组成，竞争性磋商后第三方招标公司将评审成交结果书面发至采购人上海市体育局进行结果确认，发出中选通知书，中标单位与市体育局签订协议。

7. 监督和评估：在协议签订后，赛事举办前，上海市体育局领导、赛事组委会多次召开动员大会，对赛事各项筹备工作进行检查。赛后，组委会及第三方评估公司上海市玄钥管理咨询有限公司对赛事资金管理、项目管理、项目产出和项目绩效，通过问卷调查、实地走访和人员访谈的形式进行了整体评估，上海市体育局根据评估结果进行绩效奖励的拨付。

第二节 政府向体育社会组织购买公共体育服务流程译码

一、苏州市政府向体育社会组织购买体育活动服务运行流程译码

本研究以苏州市体育局群众体育处、苏州市体育舞蹈运动协会负责人为调查对象，采用深度访谈，并对访谈笔记及访谈录音等资料进行整理分析，构建了苏州市政府购买公共体育服务运行流程。

首先，采用扎根理论研究方法，从访谈资料、实际观察获取的资料入手，对原始资料进行归纳总结，形成一级编码。其次，在对资料进行对比分析，形成二级编码。最后，上升为系统理论，形成三级编码，构建出苏州市政府向体育社会组织购买体育活动的运行流程，其具体分析过程如表3-3所示。

表3-3 苏州市政府向体育社会组织购买体育活动服务运行流程扎根表

访谈资料	开放性译码		
	概念化	范畴化	范畴性质
我们向体育社会组织购买公共体育服务主要是因为目前政府购买是政府职能改革的大趋势，国家也下达了相关的政策要求举办全民健身活动，但由政府来组织和管理体育比赛、体育培训，压力相当大，主要是人手不够。政府把公	A1-1 政府职能改革 A1-2 国家政策驱动	A1 内部动因	A 外包动因

续表

访谈资料	开放性译码		
	概念化	范畴化	范畴性质
共体育服务外包出去也可以促进社会组织发展，为其提供良好的环境和机会。	A1-3 促进社会组织发展		
首先是群众体育需求增加。比如广济北路的体育公园，启用不到一年，锻炼人次达到 8 万多次，2 万人报名参加假日体育活动。这种发展趋势与我市的经济和社会发展有密切的关系，体育局增人增编肯定不现实，也不符合政府机构精简的大趋势，但目前群众的体育需求单靠政府或基层组织提供公共服务，效率很低，而且成本很高，不能进行有效的管理，群众的满意度也低。我市有大量的体育社团，3A 级以上市属体育社团实现全覆盖，体育社会组织有兴趣，也有实力进入公共服务领域。	A2-1 体育需求增加 A2-2 政府供给能力不足 A2-3 体育社会组织承接能力	A2 外部动因	
体育局和体育总会通过相关途径进行摸底，实际调查大家喜闻乐见的体育项目，相关部门开会决定该年度政府购买的公共体育服务项目。有些协会的负责人对工作很热忱，经常结合群众体育思考自己协会的发展，对政府购买公共服务项目也会献言献策。	B1-1 政府调查 B1-2 体育社会组织献言献策	B1 需求评估	B 外包决策
体育局召开了政府购买公共体育服务部署并在我市体育局网及体育信息网等媒体上公布，采用公开招标的方式，愿意参与的体育社会组织和其他社会力量都可以参与投标。 目前，我局的政府购买项目会在相关网站发布招标公告和招标文件，在规定时间内，相关网站都可以查询。招标公告或招标文件对承接组织的要求等比较详细，比如项目要达到的标准、承接组织的资质等。有意向的单位需要准备投标文件，包括体育舞蹈节等大多数体育项目都是由市属体育协会申请。	C1-1 体育局召开购买工作部署会 C1-2 网站媒体公开 C1-3 发布招标公告会或招标文件 C1-4 承接组织的具体要求	C1 招标	C 社会体育组织选择
我们会认真撰写方案和准备相关的材料，并在规定的时间内提交相关材料，材料的要求比较高，内容包括协会过去几年承办的各种比赛、协会的工作人员、财务状况、如何开展这次活动等都要进行详细的说明，最后把材料交给负责竞标报名的部门。	C2-1 撰写标书 C2-2 提交材料	C2 投标	

续表

访谈资料	开放性译码		
	概念化	范畴化	范畴性质
收到标书后，我们会组织专门的人员对投标单位的资质、财务状况等基本情况进行初审，考察其是否具备申请资质，相关工作人员会将资格审查结果做成汇总表，然后让专家组进行评选。专家组由以下相关人员构成：相关政府部门代表、体育社会组织代表、高校代表。专家组根据申请单位的资质、对本次服务的设想、申请单位承办服务的优势、经费预算、预将要完成的目标等方面制成评分细则，由专家组成员进行评分，根据分数的高低确定由谁来承办服务，整个过程纪检督查部门全程参与。最后，我们会将项目评选结果在网上公示，社会公众可以通过公布的渠道对整个购买过程和评选结果提出异议。	C3-1 资质审核 C3-2 专家评选 C3-3 公示结果	C3 体育社会组织的确定	
为了保证购买合同的专业性，我们会组织相关专家参与合同的谈判及签订。和体育社会组织签订合同前，我们会与他们的负责人进行协商，避免以后修改合同或者补充合同条款。购买合同规定购买事项，如服务内容、服务标准、经费标准及支付方式、责任主体及责任承担等，表述要非常准确，不能有歧义，否则合同执行起来就不会顺利。 购买合同一般都是政府拟定合同条款，形式性比较强，只是说明协会获得了项目的权利，在执行过程中，很多情况还是不能严格按照合同履行。	D1-1 专家参与合同条款的拟定 D1-2 协议合同条款 D1-3 合同条款表述准确 D1-4 合同签订具有形式性	D1 合同签订	D 过程管理
我市要建设国家级公共体育服务示范区，基本上公共体育服务都实行政府购买，大多数时候是向体育社会组织购买，整个服务供给的大环境是市场化和社会化，困难和问题也比较多，但整体来看，效果是不错的。全民健身是很重要的工作，每年政府购买公共体育服务的投入都在增加。2016 年，政府投入了 500 多万元，2018 年几乎翻了一倍，将近 1000 万元，2020 年更是加大了资金的投入。为了承接政府项目，我们协会的投入也比较大。现在每年都要对协会进行评估，如果评估达不到相应标准，就不能承接政府购买服务。政府的政策支持也很重要，特别是像我们这样的协会更需要。	D2-1 资源投入主体 D2-2 政策支持 D2-3 资金支持	D2 资源支持	

续表

访谈资料	开放性译码		
	概念化	范畴化	范畴性质
随着购买项目的深入，可能会出现一些问题，在购买合同中，通常有变更条款的情况，但合同变更比较麻烦，实践中用得比较少，我们通常会以签补充协议的方式解决。在情况比较紧急时，需要对购买合同进行增加说明，比如通过写申请说明的形式，或者口头协议。对于服务质量差、群众满意度低、社会不良反应比较大的体育社会组织，我们会给予警告，如果不整顿，还是出现问题，就会终止购买合同，当然，这种方法用得比较少。 合同对购买服务的实际意义不是很大，签订合同仅代表我们取得了某个项目的权利，而具体进行项目服务时，很多情况要根据情势的变化而变化，不能严格按照合同的规定履行。主要是公共体育服务的性质决定的。公共体育服务有些标准比较容易制定，效果也好衡量，但有些就不容易调整，签合同的时候也不可能预见那么多，有时也需要签补充协议。	D3-1 补充协议 D3-2 口头协议 D3-3 合同变更 D3-4 终止合同	D3 合同执行	
公共服务外包过程中，必须在合作中实施有效的监督机制，才能保证服务的高质量，实现外包的效果。 政府部门的人在活动开展前期会关心活动安排的情况，也经常会来活动现场，给我们提出意见和建议。	D4-1 监督的重要性 D4-2 合同监督 D4-3 政府监督	D4 监督	
我们非常重视购买项目的效果，主要由活动结束后的相关评价单位来制定，例如审计局、民政局、财政局等相关部门。我们在合同里，对服务的完成标准进行了严格的规定，我们将活动的完成情况与合同进行比对来评价项目的完成情况。好的项目要让群众满意和受益，有利于群众健身，提高生活质量，对发展起到一定的作用。	E1-1 政府评价 E1-2 评价标准 E1-3 群众满意度	E1 评价	E 购买效果

资料来源：课题组对访谈资料的整理和分析。

分析上述开放性译码，可以看出苏州市政府向体育社会组织购买体育活动服务的主轴译码为：购买动因、购买决策、体育社会组织选择、签订合同、过程管理和购买效果。如图 3-1 所示。

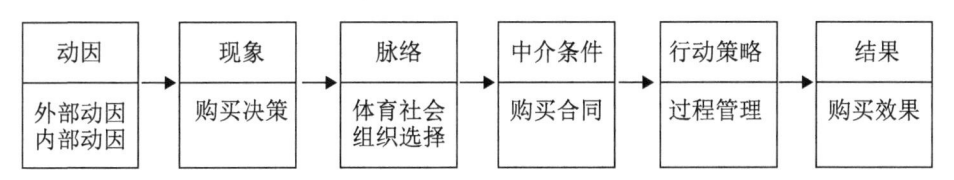

```
┌──────┐   ┌──────┐   ┌──────┐   ┌──────┐   ┌──────┐   ┌──────┐
│ 动因 │ → │ 现象 │ → │ 脉络 │ → │中介条件│ → │行动策略│ → │ 结果 │
│外部动因│   │购买决策│   │体育社会│   │购买合同│   │过程管理│   │购买效果│
│内部动因│   │      │   │组织选择│   │      │   │      │   │      │
└──────┘   └──────┘   └──────┘   └──────┘   └──────┘   └──────┘
```

图 3-1　苏州市政府向体育社会组织购买公共体育服务主轴译码

二、北京市政府向体育社会组织购买体育指导服务运行流程译码

本研究北京市体育局群众体育处、北京市中小学体育运动协会负责人为调查对象，采用深度访谈并对访谈笔记及访谈录音等资料进行整理分析。采用扎根理论研究方法，从访谈资料、实际观察获取的资料入手，对原始资料进行归纳总结，形成一级编码，再对资料进行对比分析，形成二级编码，最后上升为系统理论，形成三级编码，构建出北京市政府购买体育指导服务的运行流程。具体如表 3-4 所示。

表 3-4　北京市政府向体育社会组织购买体育指导服务运行流程扎根表

访谈资料	开放性译码		
	概念化	范畴化	范畴性质
现在社会发展，生活水平提高，人们对自己的健康更重视。前几年，我们做了一个学生体质健康管理项目，许多家长都希望我们继续为孩子们购买这样的服务。群众的需求增加了，单靠政府肯定无法满足。	A1-1 需求增加 A1-2 政策压力	A1 外部动因	A 购买动因
协会的经费一直是比较棘手的问题，如果能够成功地申请政府的项目，也可以解决部分资金的问题，提升协会的知名度和形象，也可以拓宽其他的融资渠道，筹集更多的赞助经费。	A2-1 缓解经费压力 A2-2 提升知名度	A2 内部动因	
协会、社团应该对群众的体育锻炼有比较详细的了解，各体育协会或社团也在收集群众在健身服务中到底需要哪些服务的问题。	B1-1 社团或协会收集	B1 需求评估	B 购买决策

续表

访谈资料	开放性译码 概念化	范畴化	范畴性质
每年，我们要求各体育社团上报活动计划，然后在其中选择一些来作为公共体育服务购买项目。通常会选择符合我市全民健身目标以及群众参与面比较广的和我们没有能力和人手去组织实施的项目去购买。	B2-1 活动计划 B2-2 符合目标 B2-3 群众参与面大 B2-4 政府无力组织	B2 确定项目	
有些服务项目的规模比较大，我们会首先考虑经验丰富、责任心强、业务能力突出的体育社会组织来承接。要保证购买服务项目有品质的完成，体育社会组织要具备很强的专业水准，特别一些复杂的项目，体育社会组织必须具备完善而有效的内部运作机制，才能保障我们要购买的公共体育服务项目能够顺利进行。承担购买项目的体育社会组织必须具有良好的信誉，一般要求在3A级以上水平的体育社会组织，财务状况绝对不能有一点问题，最好拥有一批热衷体育公益事业的人。	C1-1 经验 C1-2 责任心 C1-3 业务能力 C1-4 内部运作机制 C1-5 良好的信誉 C1-6 财务状况 C1-7 工作人员	C1 体育社会组织考察	C 体育社会组织的选择
我们在体育局及相关网上发布购买公告，将项目名称、购买方、购买内容、购买资金预算、购买技术要求、服务承接者的要求、投标截止时间、评标的方法和标准、评标的时间和地点及注意事项等信息在网上公告。我们收到项目申请书之后，会在规定时间进行初审，初审过关的通知申请单位，安排现场答辩。我们组织专家通过现场答辩及材料分析的情况决定是否通过申请人项目，并书面通知申请人最终的中标情况，签订购买协议。 我们需要填写并提交项目申请表，同时还要求提交单位法人证明、财务状况证明等相关材料。提交的材料复杂，我们会精心准备，积极申请政府的项目。	C2-1 发布公告 C2-2 填写并提交申请书 C2-3 申请书初审 C2-4 现场答辩 C2-5 书面通知	C2 申请流程	
近年来，国家对购买公共体育服务的资金投入逐年增多，投入力度增大，但现在的财政制度很严格，必须要先做预算，不管是部门经费还是专项经费，购买经费都必须和这些预算相衔接。财政拨款一定按照预算来用，资金使用一旦出现问题，相关领导和工作人员会被免职。资金管理要按规章制度规范管理，财政、监察、	D1-1 经费来源 D1-2 资金预算 D1-3 建立了制度 D1-4 其他部门监督检查	D1 资金管理	D 合作管理

续表

访谈资料	开放性译码		
	概念化	范畴化	范畴性质
审计也会检查，不存在任何挪用、截留和滞留购买资金的现象发生。各购买主体单位要按照合同管理要求与承接主体签订合同，明确购买公共体育服务的范围、数量、质量、服务期限、资金支付方式、权利义务和违约责任等。			
购买过程中，涉及各个方面，协调是非常重要的，协调工作做得好会降低购买成本。政府购买公共体育服务环节多，过程复杂，涉及财政、审计等很多部门，遇到问题我们只能找相关部门的工作人员，如果还解决不了，就协商解决，政府和体育社会组织都应该承担责任。如果协调不好，购买合同不能执行，我们只能更换体育社会组织，对体育社会组织来说，前期已经进行了相关的投入，突然中止合作，不利于工作的开展，所以能协商解决的问题一定要努力协商解决。 国家有国家的制度，政府有政府的规章、标准和要求，有些问题的解决需要一段时间，有些问题可以协商解决。不管怎样，我们都会尽心尽力，协调各方面的需要，努力完成购买工作。	D2-1 协调的重要性 D2-2 协调主体 D2-3 协调方式 D2-4 协调结果	D2 协调	
服务项目交给体育社会组织做了，并不是我们就不管了，我们会派遣专门的工作人员不定期到现场检查有没有按照要求进行，有时，我们也派专门的工作人员跟守项目，有问题及时解决。我们还成立了专门部门，消费者对服务有什么不满意的，还可以打电话或直接投诉。	D3-1 现场监督 D3-2 消费者投诉	D3 监督	
我们会根据公共体育服务的特点及类型，制订考核标准和评价方案。根据相应的标准和方案，对购买的项目进行评价，做得好的承接组织在下次购买服务中我们会优先选择。	E1-1 制定考核标准和评价方案 E1-2 优先选择权	E1 政府评价	E 购买效果
我们协会有自我评价，在项目完成后，会对项目的实施情况出具非常详细的结项报告。项目在实施中，参与的人数、规模都有相关的视频、图片资料，项目结束后，我们还会做群众满意度测评，找出问题，总结经验。	E2-1 结项报告 E2-2 视频、图片资料	E2 体育社会组织自我评价	

资料来源：课题组对访谈资料的整理和分析。

根据扎根表的开放性译码分析，我们可以看出北京市政府向体育社会组织购买体育指导服务的主轴译码为：购买动因、购买决策、体育社会组织选择、签订购买协议、合作管理和购买效果，如图3-2所示。

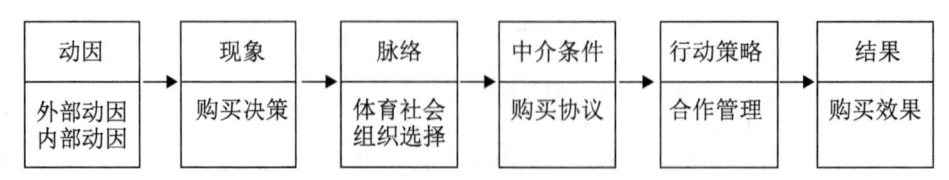

动因	现象	脉络	中介条件	行动策略	结果
外部动因 内部动因	购买决策	体育社会 组织选择	购买协议	合作管理	购买效果

图3-2　北京市政府向体育社会组织购买体育指导服务的主轴译码

三、上海市政府向体育社会组织购买体育赛事服务运行流程译码

本研究以上海市体育局群众体育处、上海市健美协会负责人为调查对象，采用深度访谈并对访谈笔记及访谈录音等资料进行整理分析。采用扎根理论研究方法，从访谈资料、实际观察获取的资料入手，对原始资料进行归纳总结，形成一级编码，再对资料进行对比分析，形成二级编码，最后上升为系统理论，形成三级编码，构建出上海市政府向体育社会组织购买体育赛事服务的运行流程。具体如表3-5所示。

表3-5　上海市政府向体育社会组织购买公共体育服务运行流程扎根表

访谈资料	开放性译码		
	概念化	范畴化	范畴性质
政府向体育社会组织购买公共体育服务，在满足群众公共体育服务的同时，及时便利地了解群众公共体育服务需求、困难，及时对问题做出应答，提高了体育社会组织的参与，缩短了政府与群众之间的距离，将项目外包给体育社会组织，拨出资金，体育局的编制减少了，管理成本也相应降低。	A1-1 了解公共体育服务需求 A1-2 提高体育社会组织的参与度 A1-3 降低管理成本	A1 直接动因	A 购买条件
公共体育服务的建设是城市的软环境，体现了城市的软实力，现在政府之间也有竞争，公共体育服务也很重要，政府必须意识到这一点。	A2-1 城市软环境建设	A2 间接动因	
近年来，公共体育服务的需求增加了，公民的志愿精神增强了，体育社会组织为了积极参与到社会服务中来，也要求承接服务项目。	A3-1 公共体育服务需求增加	A3 外部条件	

续表

访谈资料	开放性译码		
	概念化	范畴化	范畴性质
政府供给公共体育服务是政府的责任，政府购买公共体育服务是一种政府行为。政府向体育社会组织购买公共体育服务责任主体是政府，但服务主体是体育社会组织，权利主体是社会公众。体育社会组织起着引导和激励的作用，为全面健身的开展创造良好的社会环境。我市600多个体育协会，将近8000个全民健身站点，它们散落社会的每一个角落，通过多种途径向群众宣传体育健身、全民健康的知识和信息，使群众了解体育健身和健康方法的同时，也获得了公众的信任和支持。	A3-2 公共体育服务的核心性 A3-3 市场成熟度		
我局相关工作人员会在体育局及政府采购网等网络平台发布购买信息，方便各协会的负责人查询。考虑到目前体育社会组织发展不是很成熟完善，为了鼓励他们积极参与，只要具备招标条件的体育社会组织，我们都会采取多种途径通知，一是下发纸质文件，二是电话通知，三是邮件通知。有时，我们会组织工作人员到街道办事处张贴购买服务项目的情况，让基层老百姓了解，扩大参与面。	B1-1 下发文件 B1-2 电话通知 B1-3 文件通知 B1-4 邮箱通知 B1-5 网络公开	B1 招标	B 选择流程
体育社会组织参与公共体育服务是应该的，也是必要的，不仅是完成领导交给我们政治任务，还可以巩固社团的地位。接到通知后，我们会准备标书和相关资料，要对社团的工作人员具体情况、最近三年的运营情况，财务状况和相关的评估审核情况进行详细的说明，在规定的时间交给竞标报名部门的相关工作人员。	B2-1 扩大社团影响 B2-2 制作标书 B2-3 准备相关资料	B2 投标	
如何体现政府购买公共体育服务购买效果，关键是对体育社会组织的选择，政府是体育社会组织选择的第一责任人，政府必须要有一套严格的遴选程序，如果以部分人的意志为转移，选择体育社会组织为社会提供公共体育服务，可能会产生腐败行为。评选一般由专家组来进行，由体育局、财政局、审计监察局的领导和相关职能部门工作人员及相关领域的学者组成。专家组成员根据标书及相关材料，投标人的陈述和答辩情况，以及评分细则，现场逐一打分，	B3-1 政府是第一责任人 B3-2 制定严格遴选程序 B3-3 组成专家组 B3-4 打分排序 B3-5 取分数靠前者 B3-6 公示结果		B3 遴选流程

续表

访谈资料	开放性译码		
	概念化	范畴化	范畴性质
将总分从高到低排序，取排名靠前者。为了消除投标者的疑问，我们都会现场打分，现场公布成绩，真正做到公开透明，也可以保障投标者的积极性，让不足的组织知道获得政府购买的项目应该怎么改进，总之，对营造竞争的购买环境是大有裨益的。我们的评选流程是比较规范的，实践证明，效果也是比较好的，中标的组织通常都能保质保量完成任务。			
我们会根据以往的惯例，结合具体的现实情况制定书面购买合同。书面购买合同主要确定了购买服务的内容、经费拨付的标准、绩效考核标准及相关的责任等方面。有些项目也没有特别签订合同，中标通知书下发，购买合同即生效，投标的组织也认可这种形式。签订了合同也不是一劳永逸的，有时候面临的环境会变化，因此，在签订时应该预测各种风险因素，尽量规定得详细一些。	C1-1 合同制定办法 C1-2 合同内容 C1-3 合同形式	C1 签订合同	C 合作监管
我们在过程管理中一定要好好把关。体育社会组织在运行这个项目中，首先要搞清楚人员配置，人员必须要有专业性。我们的财务预算有关于政府公共体育服务的，购买资金主要来自体彩公益金和财政资金。 我们工作人员流动性比较大，留下的人员更多是出于热爱，因此，我们必须用心、用热情鼓励他们，发挥他们的积极性和主动性。建立财务管理制度，对项目运作过程中的收入、支出等做了详细的财务管理。承接一个项目的资金支出也大，租场地费用高，人工工资高，政府购买资金有时都不够用，我们也会去利用冠名、场地租赁等寻找赞助商。我们没有固定的办公场地，办公条件比较差，都是租用的办公场所，方便联系。	C2-1 人力资源管理 C2-2 资金管理 C2-3 场地设施管理	C2 资源管理	
监督管理机制的建立非常重要。我们科室人手有限，有很多日常的工作要完成，每天去检查比较困难。监督管理要有方案，必须落到实处。我们要求承接者定期报送人员安排、资金使用及项目进展等相关情况。项目执行过程中，我	C3-1 建立监督机制 C3-2 制订监督方案	C3 监督	

续表

访谈资料	开放性译码		
	概念化	范畴化	范畴性质
们会不定期的检查。项目的费用不是一次性全部结完的，直到项目完成，检查合格，才会将剩余经费拨付，这也是一种监督制约手段。我们社团对提供服务的整个过程都监管得非常严格，自己制定了一套服务要求，而且每个环节都会落实到人，每天工作量的完成情况都要汇报给社团负责人，通常都会在晚上集中讨论当天遇到的问题。体育局领导不仅要参见项目启动仪式，在项目执行过程中，也会不定期的走访，给我们的工作提出意见和建议。	C3-3 公平监督 C3-4 公众监督 C3-5 社团自我监督 C3-6 政府监督 C3-7 监督方式		
目前，如何评价公共体育服务，还缺乏一个明确的标准，很难准确衡量公共体育服务的好坏，这也是现阶段我们急需思考的问题。评价服务的好坏，我们首先看体育社会组织是否完成了合同所规定的要求和目标，确定完成情况，决定后续资金支付。项目服务完成后，我们通常会对协会完成项目的情况进行民意测评，群众是服务的接受者，他们最有发言权。	D1-1 评价标准缺乏 D1-2 合同完成情况 D1-3 公众民意调查	D1 服务效果	D 购买评价
以前我们没有那么多资金，现在政府购买我们协会的服务，就有了启动资金，我们再拉赞助，活动的规模大了，影响力也大了，参与人数也多了。 大家都喜欢体育锻炼，通过活动相互交流，切磋技艺。	D2-1 群众参与度 D2-2 公众满意度 D2-3 扩大了项目影响力	D2 社会效益	

资料来源：课题组对访谈资料的整理和分析。

根据扎根表的开放性译码分析，我们可以看出上海市政府向体育社会组织购买体育赛事服务的主轴译码为：购买条件、购买动因、体育社会组织选择、签订合同、合作管理和购买效果，如图3-3所示。

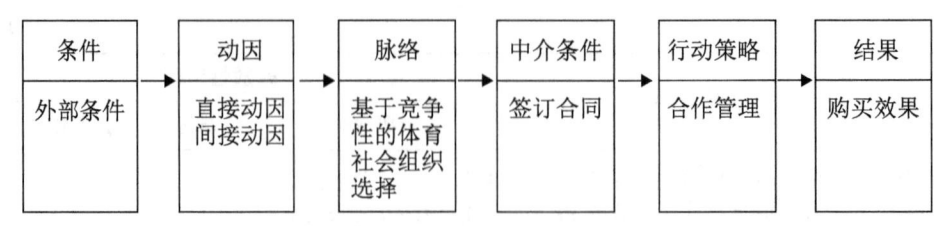

```
┌─────────┐  ┌─────────┐  ┌─────────┐  ┌─────────┐  ┌─────────┐  ┌─────────┐
│  条件   │→ │  动因   │→ │  脉络   │→ │中介条件 │→ │行动策略 │→ │  结果   │
├─────────┤  ├─────────┤  ├─────────┤  ├─────────┤  ├─────────┤  ├─────────┤
│ 外部条件│  │直接动因 │  │基于竞争 │  │签订合同 │  │合作管理 │  │购买效果 │
│         │  │间接动因 │  │性的体育 │  │         │  │         │  │         │
│         │  │         │  │社会组织 │  │         │  │         │  │         │
│         │  │         │  │  选择   │  │         │  │         │  │         │
└─────────┘  └─────────┘  └─────────┘  └─────────┘  └─────────┘  └─────────┘
```

图 3-3　上海市政府向体育社会组织购买体育赛事服务主轴译码

第三节　政府向体育社会组织购买公共体育服务运行流程的构建

通过本研究前期对苏州市、北京市和上海市等地区大量的政府向体育社会组织购买公共体育服务实践的比较研究及对上述地区购买实践的扎根理论分析，形成了政府向体育社会组织购买公共体育服务的主轴译码。如图 3-4 所示。

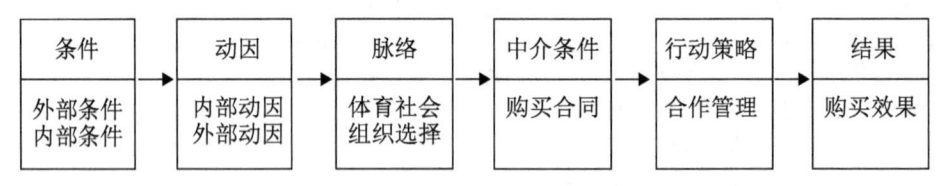

```
┌─────────┐  ┌─────────┐  ┌─────────┐  ┌─────────┐  ┌─────────┐  ┌─────────┐
│  条件   │→ │  动因   │→ │  脉络   │→ │中介条件 │→ │行动策略 │→ │  结果   │
├─────────┤  ├─────────┤  ├─────────┤  ├─────────┤  ├─────────┤  ├─────────┤
│ 外部条件│  │内部动因 │  │体育社会 │  │购买合同 │  │合作管理 │  │购买效果 │
│ 内部条件│  │外部动因 │  │组织选择 │  │         │  │         │  │         │
└─────────┘  └─────────┘  └─────────┘  └─────────┘  └─────────┘  └─────────┘
```

图 3-4　政府向体育社会组织购买公共体育服务的主轴译码

在分析了主轴译码的基础上，进行选择性译码。课题组认为政府向体育社会组织购买公共体育服务运行流程一定是能够统领这一过程的核心范畴，在分析环境的基础上，政府形成购买动因，做出购买决策，成为政府向体育社会组织购买公共体育服务的逻辑起点，开始了体育社会组织选择，购买合同是合作管理的起点和基础，通过合作管理完成购买行为，而购买效果即贯穿于整个合作管理过程，也是合作管理的结果体现。

在开放性译码、主轴译码和选择性译码的研究基础上，研究组构建出了政府向体育社会组织购买公共体育服务运行流程的理论模型，如图 3-5 所示。

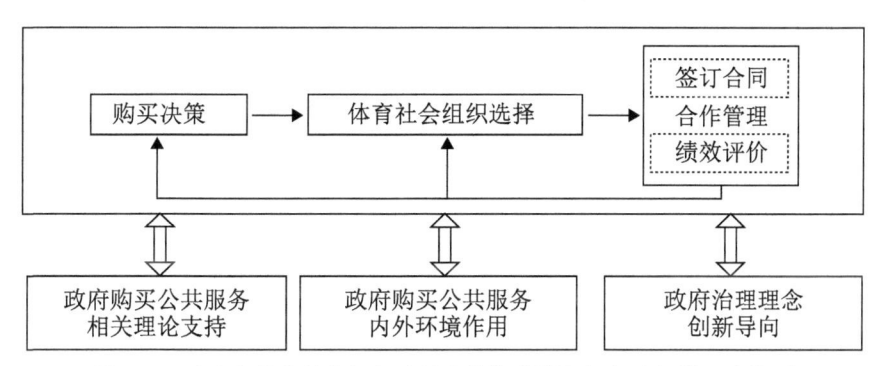

图 3-5　政府向体育社会组织购买公共体育服务运行流程的理论模型

第四章 CHAPTER 04
政府向体育社会组织购买公共体育服务影响因素识别

第一节 政府向体育社会组织购买公共体育服务影响因素识别的方法和原则

一、工作分解分析方法的适用性

从工作分解分析方法的特点来看，适合用于本研究影响因素的识别。工作分解分析方法首先将任务分解，然后在任务分解的基础上将活动分解，并在具体活动中对任务具有影响的相关因素进行识别的方法。任务分解是根据因素分解的原理，按照一定的原则，将任务具体详细地分解成各项任务，再将各项任务分解成可操作性的具体事项，并在具体事项中对影响因素进行识别的过程。

从政府向体育社会组织购买公共体育服务特征来看，工作分解分析方法也适用于政府向体育社会组织购买公共体育服务的影响因素识别研究。政府向体育社会组织购买公共体育服务的购买主体涉及面广，购买过程涉及的各项活动较多。传统的识别方法，如头脑风暴法，在影响因素识别时由于缺乏系统性，容易漏掉某些影响因素，而工作分解分析方法正好能通过细化任务流程，系统而全面地识别各种潜在影响因素。[1]

因此，本研究选用工作分解分析方法作为政府向体育社会组织购买公共体育服务影响因素识别的基本方法。

---

[1] 张志清，王文周. 基于 WYS-RYS 矩阵的项目风险识别方法的改进及应用 [J]. 项目管理技术，2010(4)：76-78.

二、政府向体育社会组织购买公共体育服务的工作分解

(一) 政府向体育社会组织购买公共体育服务的参与主体分解

就参与主体而言，通常来说包括政府、社会公众、体育社会组织和第三方评估机构四大类。

政府购买公共体育服务涉及谁来买、向谁买、为谁买、谁来评估四个基本的问题，分别对应相应的主体，即购买主体——政府、承接主体——体育社会组织、使用主体——社会公众及评估主体——第三方评估机构。四个参与主体在政府购买公共体育服务的过程中具有各自不同的角色定位。政府是购买公共体育服务的规划者、购买者和监督者，涉及财政部门、体育行政部门、发展改革部门、监察部门、审计部门等有关部门，在具体的实践中起主要作用的是体育行政部门。承接主体是公共体育服务的生产者，包括市场主体、事业单位和体育社会组织，体育社会组织包括体育社团、民办非企业单位、体育基金会等，体育社会组织具有非营利性和亲民性等特征，在体育公共服务的供给中具有重要的作用。因此，《"十四五"公共服务规划》[1]进一步放宽市场准入，放管结合，支持社会力量参与公共服务，发挥好各类企事业单位、协会商会、公益团体等市场主体和社会组织的作用。调动群众自我管理自我服务的积极性，广泛参与公共服务。形成政府、社会、个人协同发力、共建共享的公共服务发展格局。社会公众是公共体育服务的使用者和监督者，使用、监督评价服务过程和质量。评估主体是对政府购买公共体育服务进行评判的机构、组织或群体，为了客观科学地评价政府购买的绩效，评估主体除政府和体育社会组织之外，还需要有社会公众和第三方机构的参与。

(二) 政府向体育社会组织购买公共体育服务的购买过程及基本活动分解

就购买过程划分而言，通过对运行流程的分析，将政府向体育社会组织购买公共体育服务中"买什么""向谁买"和"怎么买"作为一个工作周期，把政府向体育社会组织购买公共体育服务的整个活动过程分成决策阶段、体育社会组织选择阶段和合作管理阶段，再对各阶段的具体活动进行分解。具体如下。

1. 决策阶段。首先，政府要收集公众的体育需求信息，并且进行分析和整

---

[1] 国务院关于印发国家基本公共服务体系"十二五"规划的通知 [S]. 国发 [2012] 29号, 2012.

理，在此基础上提出需要购买的公共体育服务。也就是说本阶段需要明确购买内容，即买什么的问题。其次，应明确购买的条件和资源，或者根据购买资金，确定购买方式和内容，即怎么买的问题。最后，根据政策导向、公众需求、财政预算，拟定购买方案。因此，决策阶段的具体活动包括：制定预算，收集和评估需求、确定购买方式、确定购买内容、拟订购买方案。

2. 体育社会组织选择阶段。政府应该搜集和分析体育社会组织的数量、条件与生产能力信息，确定体育社会组织的选择流程和方法。也就是说，本阶段应当分析和确定购买的对象，即可以向谁买的问题。在政府向体育社会组织购买公共体育服务实践中，通常采用招投标的方式进行，政府负责拟订招标方案，进行招标和评标，体育社会组织制定投标书，参与投标活动。因此，体育社会组织选择阶段的具体活动包括：拟订招标方案、招标、评标、编制投标书、投标。

3. 合作管理阶段。政府和体育社会组织首先需要签订合同，这是整个合作管理的起点，政府根据合同监管体育社会组织供给服务的执行情况，并且支付购买资金或确定违约责任。因此，政府在合作管理阶段具体活动包括：签订合同，管理、监督、评估服务和支付购买资金；体育社会组织的具体活动包括：签订合同、提供公共体育服务、自我监督和评估；公众在本阶段的具体活动包括：接受服务和反馈服务信息。在购买服务的合作管理阶段，第三方评估机构对购买服务进行评估。具体如图4-1所示。

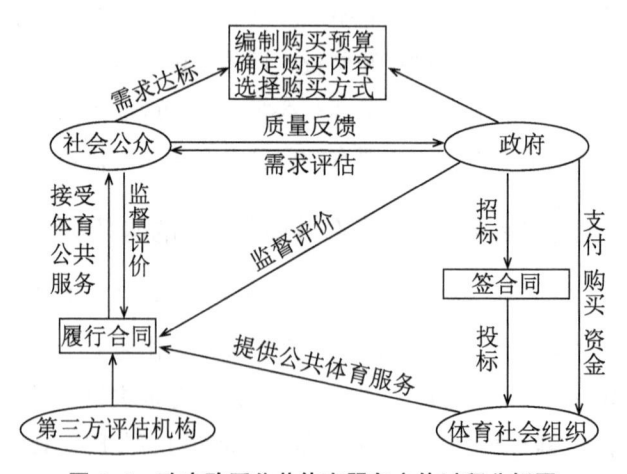

图4-1 政府购买公共体育服务主体过程分解图

资料来源：课题组对相关文献资料和实践案例的分析整理。

三、政府向体育社会组织购买公共体育服务影响因素识别原则

课题组首先将政府向体育社会组织购买公共体育服务具体分解成决策阶段、体育社会组织选择阶段、合作管理阶段，再深入挖掘各阶段潜在的影响因素。政府向体育社会组织购买公共体育服务的影响因素数量和种类很多，影响因素之间相互交叉、相互作用，因此，必须对这些影响因素进行识别、归纳和总结。课题组成员遵循了以下原则：第一，全面性，尽可能识别出各种影响因素。第二，明确性，影响因素的内涵和外延相对清晰明确。第三，独立性，影响因素之间的相关性要尽可能小。例如在体育社会组织选择阶段，腐败和逆向选择两个影响因素都是由信息不对称引起的，换句话说，信息的不对称是引起腐败和逆向选择的根本原因，但腐败和逆向选择的产生还需要其他的条件，主体的腐败行为（如创租、寻租和合谋）是腐败产生的直接原因，体育社会组织能力低下是逆向选择产生的直接原因，因此，信息不对称、腐败和逆向选择三个影响因素之间具有独立性。第四，显著性，影响因素可能对各个阶段的活动都有影响，但某一阶段更突出。

第二节　政府向体育社会组织购买公共体育服务影响因素案例识别

一、政府向体育社会组织购买公共体育服务影响因素案例分析

遵循上述原则，分析了各级政府采购网和地方政府采购网发布的相关案例、文献资料和收集的调查访谈资料，对政府向体育社会组织购买公共体育服务的影响因素进行了经验性识别。下文以文献资料收集的案例：广东省残疾人联合会购买残疾人体育服务项目和调查收集的案例：遂宁市体育局购买太极拳协会太极拳培训指导服务项目为例进行具体的分析。具体的分析过程如下。

（一）案例：广东省残疾人联合会购买残疾人体育服务

1. 基本情况

（1）案例背景：2012 年，广东省颁布了《2012 年省级政府向社会组织购买服务项目目录》，确定了 262 项政府采购服务项目，其中，体育类作为基本公共

服务被纳入其中。广东省向体育社会组织购买服务包括了体育事业发展规划、青少年冬令营活动、青少年体育俱乐部比赛等。在此背景下，2013 年 5 月，广东省残疾人联合会向社会组织购买残疾人体育服务项目。

（2）购买主体：广东省残疾人联合会。

（3）购买内容：组织举办全民助残健身日活动。

（4）承接主体：广东省残疾人体育协会。

（5）购买资金：项目经费预算 20 万元，最终购买经费 19.78 万元

（6）购买方式及流程：采用竞争性谈判方式。2013 年 5 月广州程启招标代理有限公司受广东省残疾人联合会的委托，在中国政府采购网等网站发布招标公告，拟对广东省残疾人联合会向社会组织购买残疾人体育服务项目（GZCQC1301FT04015）进行招标。招标公告对供应商的财务、内部治理结构、办公场所及办公人员的资质做了相关规定，最终确定广东省残疾人服务业协会、广东残疾人事业新闻宣传促进会、广东省残疾人体育协会参与竞标。从价格、技术和商务三方面对竞标者进行综合评价，综合评分由高到低排列进行评选；如果综合评分相同，按照价低者得的原则确定中标者；如果综合评分相同、报价相同，按照技术得分确定中标者。按照上述原则，经评审委员会评审，广东省残疾人体育协会以 19.78 万元中标，并与广东省残疾人联合会签订了正式购买合同。

（7）监督和评估：广东省残疾人联合会在活动组织过程中进行实地监督检查，在购买服务结束后，通过听取广东省残疾人体育协会的书面汇报进行监督和评估。

2. 案例影响因素分析

（1）缺乏对残疾人体育需求调查的环节。如残疾人的需求表达机制不畅、活动项目的设置不符合残疾人的实际、活动过程中出现部分残疾人受伤的情况。

（2）购买服务的评估主要以广东省残疾人联合会的绩效评估为主，缺乏服务对象和第三方组成综合评估，评估主体缺失。

3. 案例影响因素分析结果

本案例的影响因素来自政府购买公共体育服务的决策阶段和合作管理阶段，存在着需求评估和评估 2 个影响因素及公众需求表达机制不畅和评估主体缺失 2 个致因因子，具体如表 4-1 所示。

表 4-1　案例（一）影响因素指标一览表[1]

阶段	影响因素	致因因子
决策阶段	需求评估	公众需求表达机制不畅
合作管理阶段	评估	评估主体缺失

（二）案例：遂宁市体育局购买太极拳协会太极拳培训指导服务

1. 案例基本情况。2015 年，遂宁市体育局计划打造遂宁市"一区一品"群众体育健身特色项目，考虑到该市各体育协会一直与体育局保持业务联系，于是向遂宁市各体育协会购买体育指导培训服务，然后向该市各区全民健身站点提供该服务，并于 2015 年 8 月 8 日展示各站点的培训效果。2015 年 6 月，遂宁市体育局向遂宁市太极拳协会购买船山区全民健身站点的太极拳指导培训服务。该购买服务以邀请招标的方式进行，由遂宁市体育局拟订招标方案，遂宁市太极拳协会参与投标并签订购买合同，购买资金 0.8 万元。合同的执行过程中，参与指导培训服务的教练员要求按照《劳动法》的规定购买保险，但购买合同并没有保险费用的相关规定，经费预算中也并没有保险费用的相关预算。遂宁市太极拳协会以财力不足，提出无法完成购买任务。遂宁市体育局最后与市财政部门、审计部门等多方协调，以补充合同条款的方式追加资金，为参与指导培训的教练员购买了保险，导致购买成本的上升。

2. 案例分析。本案例导致成本上升的原因主要来自以下几个方面：（1）购买合同没有保险费用的相关规定，说明合同制定标价不合理，存在合同订立影响；（2）经费预算中没有保险费用的相关预算，造成不得不与多方部门协调签订合同补充条款，说明经费预算活动中未考虑到隐性成本，存在经费预算影响；（3）遂宁市太极拳协会财力不足，无法完成购买任务，说明购买选择的体育社会组织的资金不足，但短时间政府无法找到合适的体育社会组织，不得不追加成本，存在逆向选择和资金管理影响；（4）因为遂宁市体育局与该市太极拳协会一直有业务联系，所以购买服务以邀请招标的方式进行，说明在购买过程中有政府倾向，存在垄断。

3. 案例分析结果。本案例的影响因素来自政府购买公共体育服务的决策阶

---

[1] 中国山东政府采购网. 政府购买服务案例汇编［EB/OL］.（2018-09-17）［2022-08-01］. http：//www.ccgp-shandong.gov.cn/sdgp2017/site/listcontnew.jsp？colcode=9806&id=2008025771.

段、体育社会组织选择阶段和合作管理阶段，存在经费预算、逆向选择、垄断、合同订立和资金管理5个影响因素及未考虑到隐性成本、体育社会组织的资金不足、政府倾向、合同标价不合理和追加成本5个致因因子。具体如表4-2所示。

表4-2 案例（二）影响因素指标一览表

阶段	影响因素	致因因子
决策阶段	经费预算	未考虑到隐性成本
体育社会组织选择阶段	逆向选择	体育社会组织的资金不足
合作管理阶段	垄断	政府倾向
	合同订立	合同标价不合理
	资金管理	追加成本

资料来源：课题组成员调研结果分析和整理。

根据以上2个案例的分析过程和方法，还分析了9个政府向体育社会组织购买公共体育服务的案例，附录6，结合政府购买的各个阶段及具体活动，将案例分析结果进行整理，得出了政府向体育社会组织购买公共体育服务的影响因素经验性识别结果。虽然收集到的案例相对较少，但通过分析，也能够基本涵盖购买过程的各个阶段，以及各环节基本活动的影响因素，对于不足部分通过访谈和调查进行了相应的补充。

二、政府向体育社会组织购买公共体育服务影响因素案例识别结果

通过案例分析法、访谈法和相关文献研究对政府向体育社会组织购买公共体育服务的影响因素进行了经验性识别，决策阶段的影响因素包括需求评估、经费预算、购买决策；体育社会组织选择阶段的影响因素包括信息不对称、腐败、逆向选择、垄断；合作管理阶段的影响因素包括合同订立、资金管理、项目管理、主体协调、监督、道德失范、环境评估。政府向体育社会组织购买公共体育服务的影响因素共15大类，具体分析了不同的影响因素产生的原因，共计52个致因因子。具体情况见如表4-3所示。

表 4-3　政府向体育社会组织购买公共体育服务影响因素案例识别结果一览表

购买阶段	影响因素	致因因子
决策阶段	需求评估	缺乏有效的信息收集渠道
		公众需求的表达机制不畅
		需求信息筛选失误
	经费预算	宏观经济环境不确定性
		未考虑隐性成本
		盲目压缩成本
		政府资金投入不足
	购买决策	购买内容确定不当
		购买方式选择不对
体育社会组织选择阶段	信息不对称	信息沟通方式不当
		信息传递渠道不畅通
		隐藏信息
		扭曲信息
	腐败	设租
		寻租
		合谋
	逆向选择	体育社会组织的资金不足
		体育社会组织的服务能力不足
		体育社会组织的人力资源不足
	垄断	体育社会组织服务有限
		政府倾向
		购买内部化
合作管理阶段	合同订立	合同条款不完善
		合同标价不合理
		合同条款不灵活
	资金管理	资金投入不足
		成本追加

续表

购买阶段	影响因素	致因因子
合作管理阶段	资金管理	资金支付方式不当
		资金管理不规范
	项目管理	体育社会组织的综合服务能力下降
		管理模式不当
		管理能力不足
	主体协调	政府部门协调的复杂性
		参与主体购买动机差异
		参与主体之间的不信任
		沟通渠道不畅通
	监督	监督主体作用发挥不充分
		监督能力不足
		监督职权分散
	道德失范	政府及相关部门的工作人员责任模糊
		体育社会组织的自利性
		社会公众的自利性
	环境	自然环境
		经济环境
		政治环境
	评估	评估主体缺失
		评估对象不全面
		评估指标体系不完善
		评估程序不合理
		评估动力方向偏差
		评估动力不足
		评估制度环境不健全

资料来源：课题组对案例分析、访谈结果和相关文献的分析和整理。

（一）政府向体育社会组织购买公共体育服务决策阶段的影响因素

在政府向体育社会组织购买公共体育服务决策阶段，政府向体育社会组织购买公共体育服务的活动的影响因素体现在以下几个方面。

1. 需求评估。需求评估是建立合理的机制，运用科学的方法收集社会公众需要哪方面的公共体育服务并对其进行分析和整合的过程，需求评估影响因素是在便于社会公众的公共体育服务需求进行调查、分析、整合的过程中，便于政府正确地把握公众体育公共服务需求量和需求类型的各种因素。需求评估影响因素来源于没有有效地收集和筛选公众的公共体育服务需求，其根本原因是缺乏有效的信息收集渠道、公众需求的表达机制不畅和需求信息筛选失误。

2. 经费预算。经费预算是指政府购买公共体育服务的相关费用，以及经常性开支。经费预算影响因素是指政府在进行购买活动之前，影响购买资金的规划的各种因素。资金预算影响因素通常来源于宏观经济环境不确定性、未考虑隐性成本、盲目压缩成本和政府资金投入不足。

3. 购买决策。购买决策是政府为了实现公共体育服务的购买目标，在需求评估和经费预算的基础上，借助公共管理的相关理论和方法，对购买内容和购买方式等问题进行分析和判断之后做出的决定。购买内容的决策即决定哪些公共体育服务是必须且可以购买的，哪些不是必需的，哪些是购买不了。购买方式的决策即决定怎么买的问题，包括公开招标、邀请招标、竞争性谈判等，公开招标应作为政府购买的主要方式。因此，购买决策影响因素主要来源于购买内容确定不当和购买方式选择不对。

（二）政府向体育社会组织购买公共体育服务体育社会组织选择阶段的影响因素

在体育社会组织选择阶段，政府向体育社会组织购买公共体育服务一般采用招、投标的方式进行。政府向体育社会组织购买公共体育服务的活动的影响因素体现在以下几个方面。

1. 招标活动中的信息不对称。信息不对称是由于特定的主客观原因，造成政府向体育社会组织购买公共体育服务的各参与主体所了解和掌握的信息量和信息类型的差异，由此造成参与主体间信息不对称。通常情况下，参与主体如果信息了解和掌握充分，往往处于比较优势的地位，反之信息贫乏的参与主体，则处于劣势地位。[1] 政府作为购买公共体育服务中的次级委托人，扮演中间人角色，体育社会组织则充当购买公共体育服务的代理人。政府在招标过程中，需要对体育社会组织的各方面条件（人员、资金、服务水平和信誉程度等）进行综合考量，才能做出正确的选择，而服务承接者掌握了大量关于自身人员、资金、服务能力、资质等相关信息，但政府对此了解有限，从而造成了承接者的信息优势地位。同样，出于部门、集团和个人的利益考虑，政府购买相关部门的任务人员也可能在招标方案的制定、招标公告等各环节中隐藏信息，故意设置模糊信息，甚至歪曲信息，从而使体育社会组织无法获得充分真实的信息，造成对服务项目缺乏了解或错误理解等问题。[2] 由于信息沟通方式不当、信息沟通渠道不畅通、政府或承接组织故意隐藏信息，或者扭曲信息等原因，造成信息不对称，从而给政府向体育社会组织购买公共体育服务带来不利影响。因此，信息不对称影响因素主要来源于信息沟通方式不恰当、信息沟通渠道不畅通、隐藏信息或扭曲信息。

　　2. 招标活动中的腐败。招标中的腐败是指政府的公职人员利用职务之便获取个人利益，从而给整个公共体育服务购买带来不利影响的行为。公共选择理论将政府视为理性"经济人"，在社会经济活动中，追求自己及利益集团的私利。正如詹姆斯·布坎南所说，效用最大化是个人行为的天性驱使，通过采取相应的效用技能可以克服这种天性带来的不良后果。在信息不对称的条件下，一旦出现制度断层或权力真空，政府向体育社会组织购买公共体育服务就会出现腐败，表现为设租、寻租和合谋。设租是招标中的政府部门公职人员出于自身的利益考虑，制定并实施能给自己或代表的利益集团带来租金的政策。在政府向体育社会组织购买公共体育服务的过程中，政府负责购买公共体育服务的相关任务人员，不顾及公共利益的需要，出于自身利益的考虑制定招标文件和制度，从而给整个购买服务带来不利影响。寻租一般被认为是招标中政府负责购买公共体育服务的相关人员利用掌握的公共体育资源分配权力来寻求自身及利益集团超额利润的一种不正当、违规或违法活动。如在评标过程中，政府负责购买公共体育服务的相关人员违反招标活动评审的相关规定，将公共体育服务的承接权利交给与自己有利益关系的组织等。合谋是指在招标中具有多重委托代理关系的代理人为了自身

---

[1] 钱林. 政府购买公共服务过程中信息不对称问题研究 [D]. 上海：华东政法大学，2015.
[2] Pierre Morgenrood. Partnership for Public Service [J], Public Sector Highlights, 2008, 24 (1).

利益，不顾初始委托人的利益，违反相关规定，最后代理人之间达成私下协议的行为。如在政府向体育社会组织购买公共体育服务过程中，社会公众、政府和体育社会组织形成双重委托代理关系，政府和体育社会组织，体育社会组织和其他组织之间，为了自己的利益而达成某种私下的协议，从而给社会公众及整个购买过程带来不利影响。如体育社会组织之间通过串标、围标的形式获得公共体育服务的承接权利。

3. 招标活动中的逆向选择。逆向选择是政府由于信息不足，对体育社会组织的了解不够，使政府放弃综合实力较强的体育社会组织，而选择了实力较弱的体育社会组织的行为。由于期望获得项目等原因，体育社会组织会故意隐瞒自己组织的资金不足、服务能力不足，体育人力资源不足等问题，从而导致政府选择了不适当的体育社会组织，给整个购买服务带来不利影响。因此，导致逆向影响因素的根本原因是体育社会组织的资金不足，服务能力低，人力资源不足等问题。

4. 招标活动中的垄断影响因素。垄断主要来源于政府向体育社会组织购买公共体育服务市场竞争不充分，主要表现在下面几个方面。（1）体育社会组织服务有限。民政部《2016年社会服务发展统计公报》指出：截至2016年底，我国共有社会团体33.6万个，体育类2.5万个，比例为7.44%；民办非企业单位36.1万个，体育类1.7万个，比例为4.7%。体育社会组织服务有限成为我国政府向体育社会组织购买公共体育服务垄断现象出现的最主要原因。（2）政府倾向。政府部门的工作人员作为理性经济人，缺乏为购买公共体育服务选择合适承接体育社会组织的原动力，部分政府部门出于某种私人利益等原因，倾向与同一体育社会组织合作，甚至将多项购买服务项目都交由同一个体育社会组织。长期的定向购买造成的后果是排挤了其他体育社会组织参与公共体育服务，不利于体育社会组织的培育，这必然会使政府丧失很多的机会成本，从而影响整个购买质量和效果。（3）购买内部化。即体制内非竞争性购买，是指政府在选择体育社会组织过程中，将公共体育服务交给与政府有内部关系的体育社会组织的购买行为。制度激励和现实困境的双重因素推动公共体育服务的购买内部化。[1] 从发展过程来看，我国政府向体育社会组织购买公共体育服务迅速发展与制度的推动密切相关，是政府带有顶层设计的自上而下的政府职能改革的结果，上下级有着

---

[1] 卓如彩. 现代科层制组织"目标置换"现象的审视 [J]. 湘潮, 2010, 19 (2): 20-23.

同构性的利益激励，上下级官员对短期利益的追求推动基层政府积极向体育社会组织购买公共体育服务。但购买的现实困境是体育社会组织数量有限，发展不充分，承接能力不足。同时，由于公共体育服务生产的复杂性和专业性，政府职能部门难以满足社会公众的体育需求，因此，政府倾向将公共体育服务的生产外包给自己扶持的社会组织，形成了购买服务的内部化。如2015年泰州市体育局购买的17项公共体育服务，在17家获得资助的体育社会组织中，只有泰州报业发展有限公司和江苏有线泰州分公司2家企业，其余15家体育社会组织包括市（区、县）单项体育协会、体育指导员协会等以系统内单位居多。[1] 王浦劬通过多案例的研究结果表明：我国政府向体育社会组织购买公共体育服务依赖关系，非竞争性购买模式占主导地位，因此存在购买"内部化"，质量降低，成本增加，透明度不够等一系列问题。

（三）政府向体育社会组织购买公共体育服务合作管理阶段的影响因素

在政府向体育社会组织购买公共体育服务合作管理阶段，政府向体育社会组织购买公共体育服务的影响因素体现在以下几个方面。

1. 合同订立。通常情况下，政府向体育社会组织购买公共体育服务的运营管理首先需要签订合同。政府向体育社会组织购买公共体育服务的合同确定政府与体育社会组织双方委托代理关系，是具有一定法律效力的契约，该契约明确了参与主体享受的权利、应尽的责任及必须遵循的准则。政府向体育社会组织购买公共体育服务的合同是政府为公共利益制定的具有行政合同的性质。在合同订立时，可能出现合同条款不完善、合同标价不合理、合同条款不灵活等关于双方权、责、利的事项由于事先没界定清楚，导致合同纠纷，进而导致质量下降和成本增加等后果，给整个购买服务带来影响。因此，合同订立影响因素来源于合同条款不完善、合同标价不合理、合同条款不灵活。

2. 资金管理。合同签订后，政府需要根据购买合同投入资金，保障公共体育服务的顺利运行。资金管理因素如下：（1）资金投入不足。研究数据表明，2012年，政府采购支出占全部财政支出的比例，我国为11.1%，而欧美发达国家的为30%到40%，我国的服务类仅占12%，欧美发达国家服务类比例在50%

---

[1] 刘明生，李建国. 城市社会体育组织参与体育公共服务的困境与对策 [J]. 上海体育学院学报，2012，36（3）：53-60.

以上。[1] 政府资金投入不足使其倾向选择成本小、见效快的公共体育服务项目。（2）成本追加。政府向体育社会组织购买公共体育服务的成本既包括人工费用、监督费用，也包括更多的不确定成本等。在政府向体育社会组织购买公共体育服务执行一段时间后，可能存在运行成本严重超支的问题，如果政府不增加资金投入，体育社会组织将面临资金短缺，可能无法正常提供公共体育服务，如果政府追加投入，势必会造成高昂的生产成本，背离购买公共体育服务的初衷。（3）资金支付方式不当。资金支付可以采取多种方式，基本可分为一次性全部支付，先付启动资金、评估后支付余款，体育社会组织垫付评估后再由政府支付三种类型。一次性全部支付的付费方式，可能会失去对体育社会组织资金硬约束，使体育社会组织不按照合同的要求提供公共体育服务；先付启动资金、评估后支付的方式在公共体育服务供给周期较长的情况下，存在着资金支付周期长，不确定性增大的风险；体育社会组织垫付评估后再由政府支付的方式需要体育社会组织有较雄厚的财力，否则，可能会出现在服务提供过程中资金短缺等问题。（4）资金管理不规范。资金管理不规范来源于政府和体育社会组织，就政府而言，当政府采购资金管理不透明、不公开，从而形成了管理漏洞；就体育社会组织而言，据我们走访调查发现，部分体育社会组织人员少、规模小、制度建设不健全，存在没有资金管理制度、无专人管理财务、资金没有按照项目专款专用等问题。

3. 项目管理。在政府购买公共服务的执行过程中，主客观因素都会对购买过程产生阻碍，导致管理不当。具体表现在以下几个方面：（1）体育社会组织的综合服务能力下降。在体育社会组织选择阶段，由于逆向选择，政府选择不符合资质的体育社会组织，形成服务能力影响因素。同时，体育社会组织的服务能力还会随着经济、社会等外部环境变化而变化，如体育社会组织面临严重的资金短缺、人才流失严重的情况而无法采取补救措施，导致进一步的服务能力受到影响。（2）管理模式不当。目前，我国政府向体育社会组织购买公共体育服务大多是运用项目制管理模式来完成，突出特点就是通过跨部门的组织机构来推进政府购买活动，可以对购买公共体育服务进行总体规划和全面布局，防止重复购买，促进各部门间的协调，但是这种跨部门的项目制管理模式不能根据相关法律规定作出有法定效力的决策，因此，为相关负责人的责任规避提供了空间。（3）管

---

[1] 迟福林. 政府购买公共服务须开放竞争 [N]. 经济参考报, 2014-04-30 (007).

理能力不足。在政府向体育社会组织购买公共体育服务过程中,政府要想成为一个"精明的买家"不仅取决于买什么,向谁买,还取决于政府对购买运行过程的管理。政府在购买公共体育服务执行阶段的监管能力和应变能力密切关系着购买效率和效果。

4. 主体协调。政府向体育社会组织购买公共体育服务的主体协调影响因素是指购买过程中的各个参与主体由于沟通和交流不畅等因素,给购买服务带来的不利影响。政府、体育社会组织和社会公众是主要的参与主体,存在双重的委托代理关系,即公众通过纳税等形式委托政府供给公共体育服务,形成初级委托代理关系,政府将供给服务以购买的形式委托给体育社会组织,形成次级委托代理关系。购买主体可能存在沟通和交流的信息失真和信息不畅等问题,其主要原因是:(1)政府部门协调的复杂性。政府向体育社会组织购买公共体育服务过程,参与的政府相关部门较多,包括体育行政部门、发展改革部门、财政部门、监察部门、审计部门等部门,因此,要加强配合协作,做到各负其责。但由于法律法规和制度的不健全,政府部门的职责分工不明确,各部门各自为政、管理多头等现象时有发生,影响服务购买的效率,也可能提高购买成本,降低服务质量。(2)参与主体购买动机差异。就政府的动机来看,不同层面的政府的购买动机不一,具有复杂性的特点。以体育行政部门为例,包括三个层面,作为整体性的体育行政部门、作为集体性的体育行政部门和作为个体性的体育行政部门,它们各自代表了不同的利益诉求。整体性的体育行政部门——公共利益的代表,集体性的体育行政部门——资源、权力和地位的获取,个体性的体育行政部门——政绩。从体育社会组织的动机来看,主要是促进自身组织的生存和发展。以体育社会组织为例,《社会团体管理条例》"属地原则"在事实上限制了体育社会组织的生存和发展,而获得政府支持的体育社会组织,拥有政府所掌握的经费资源、办公资源、活动空间等资源支持,更容易成为体育行政部门的合作对象。(3)参与主体之间的不信任。部分体育社会组织在提供公共体育服务时存在投机行为,具体表现为,注重政府的需要、对社会公众的需求缺乏了解、服务形式化,这些造成了社会公众对体育社会组织提供的服务不信任。(4)沟通渠道不畅通。社会公众接受了公共体育服务后,需要把服务的质量和信息反馈给政府和体育社会组织,但却缺少社会公众表达意愿的有效途径,尽管有些政府部门开通了公共服务的反馈热线或建立了公共服务的网络反馈平台,但处理信息的能力有限。政府向体育社会组织购买公共体育服务的沟通和协调不畅会导致执行成本增加,服务质量下降，情况严重者会导致解约、诉讼等问题。

5. 监督。监督在政府向体育社会组织购买公共体育服务的过程中，是一个非常重要的环节，但存在一些问题，降低了购买效率，对购买服务造成了不利影响。监督影响因素具体表现：（1）监督主体作用发挥不充分。在政府向体育社会组织购买公共体育服务的过程中，社会公众是公共体育服务的使用者，其对公共体育服务的质量判断应该是对购买质量绩效进行评价的最重要依据，但社会公众的监督作用并未充分的发挥。在与N市体育局工作人员的访谈中了解到，2016年8月8日，N市政府购买西山运动场场地设施服务，西山运动场体育场地设施免费向社会公众开放一天。但开放当日，西山运动场游泳馆和篮球馆提前结束了场馆向社会开放的活动，且并未接到一个反映情况的电话。社会公众的监督意识不强，监督参与不足，作用发挥不充分。（2）监督能力不足。目前，政府向体育社会组织购买公共体育服务一般都是由政府部门，通常是购买服务的执行部门——体育行政部门监督，但体育行政部门的工作人员有限，专业不对口，监督能力有限。在与S市体育局的相关工作人员的访谈中了解到：S市局共有在编工作人员12人，2016年，通过政府购买的方式购买S市太极拳协会对该市区的四个太极拳练习站点的太极拳练习者进行专业指导服务，并要求S市体育局对活动的实施过程进行监督。该局一名被访谈的工作人员谈道："怎么可能有效的监督呢？我们只有12个人，身兼数职，分身乏术。而且，我们中只有2名是体育专业院校毕业来参加任务的，专业不对口，却要监督专业人员，感觉力不从心。"（3）监督职权分散。财政、监察、审计、民政、工商管理及行业主管部门等都有监管职责。在与S市体育局的工作人员的访谈中了解到："虽然有规定财政部门要加强资金监管，监察、审计部门对过程和资金使用进行监督，民政、工商管理及行业主管部门对购买结果进行评估监督，但齐抓共管的结果是看起来都有责任，做起来都没有责任。"

6. 道德失范。道德失范是指为了自身的利益，做出的不利于他人的行为，给政府向体育社会组织购买公共体育服务带来不利影响。表现在以下几个方面：（1）政府及相关部门的工作人员责任模糊。政府将公共体育服务外包给体育社会组织、公司企业和事业单位，同时将政府的供给权力转移给市场和社会，政府角色模糊，责任隐性化。另外，公共体育服务，特别是公共体育服务的软服务，具有抽象性、衡量周期长且困难的特点，购买标准模糊，从而影响政府向体育社会组织购买公共体育服务的公共利益和社会效益。从我国实践看，部分体育行政部门简单地把购买体育服务看作摆脱财政负担、减轻公共体育服务供给压力的契机,把许多本来应该由政府承担的公共体育服务责任外包出去,从而导致政府责任模糊。[1] (2) 体育社会组织的自利性。体育社会组织及相关工作人员在信息不对称的情况下,难免产生机会主义和道德败坏。正如西蒙所说"如果没有畅通的沟通机制,个人就不会达到理性的任何高度"[2]。政府和体育社会组织建立委托代理关系后,体育社会组织在合作管理过程中,如果监督不力,就可能出现败德行为,如降低服务质量,导致政府向体育社会组织购买公共体育服务的诸多问题,损害社会公众的体育权利。例如,2010 年长沙市政府购买的游泳服务中,HD 游泳馆以人员爆满为由,拒绝提供游泳服务,从而造成了体育公共服务购买的失灵[3]。(3) 社会公众的自利性。比如在政府购买的免费公共体育场地设施项目中,社会公众对场地设施不爱惜等。

7. 环境。政府向体育社会组织购买公共体育服务的环境影响因素是指由于自然、经济及法律制度等环境方面的不确定性给政府向体育社会组织购买公共体育服务的质量、成本、效率和社会效益带来的不利影响。具体包括以下影响因素:(1) 自然环境,如地震、洪水、台风等自然灾害导致政府向体育社会组织购买公共体育服务无法实施和完成;(2) 经济环境,如通货膨胀、经济危机等导致政府向体育社会组织购买公共体育服务的各项资源的市场价格的不确定性,从而使购买公共体育服务无法实施和完成;(3) 政治环境,如法律制度的变更、政局变动、战争等政治因素的不确定性给政府向体育社会组织购买公共体育服务带来的负面影响。

8. 评估活动相关影响因素。评估是指在政府向体育社会组织购买公共体育服务活动结束后,对购买服务的效率和效果进行评价的过程。评估影响因素具体表现在:(1) 评估主体缺失。政府向体育社会组织购买公共体育服务评估包括政府、体育社会组织和第三方机构对购买计划、立项和运营的评估,特别是第三方评估机构,作为无任何利益关系的独立机构,对于评估的客观、公正起着重要作用。但在政府向体育社会组织购买公共体育服务的实践中,缺少第三方评估机

---

[1] 赵群. 我国政府公共服务外包体系构建研究 [D]. 兰州:兰州大学,2011.
[2] 唐纳德·凯特尔. 权力共享:公共治理与私人市场 [M]. 孙迎春,译. 北京:北京大学出版社,2009:19-25.
[3] 胡科,虞重干. 政府购买体育服务的个案考察与思考——以长沙市政府购买游泳服务为个案 [J]. 武汉体育学院学报,2012,46 (1):43-51.

构或第三方评估机构的作用没有充分的发挥。如《潍坊市政府向社会力量购买公共体育服务暂行办法》第十四条规定"项目实施完成后，购买主体根据制定的绩效目标和评价指标，对承接主体实施项目情况进行绩效考评，评价结果作为次年购买公共体育服务的重要参考"，缺少体育社会组织和第三方评估机构参与评估的规定。（2）评估对象不全面，缺乏对政府评估。如常州市购买的"谁是球王"系列赛的评估指标体系涉及购买项目的运营管理、观众满意度及参赛队伍满意度等，但却没有针对政府责任履行方面的评估。（3）评估指标体系不完善。评估指标体系不全面，不具有延续性，没有形成规范的文本。如上海市市民体育大联赛绩效指标在大赛快结束时，临时根据《上海市预算绩效管理实施办法》对绩效评估指标进行了设计，多数指标都是关于购买合同的执行情况，较少涉及购买内容是否合理、体育社会组织选择是否合理及购买行为是否得当等方面的问题。（4）评估程序不合理。评估程序应当包括机构资质的事前评估、承担项目服务期间的中期评估、公共体育服务最终结项评估，但实践中，大多数是针对公共体育服务最终结项评估，缺少机构资质的事前评估、承担项目服务期间的中期评估。如政府购买常州市足球俱乐部联赛，主要围绕购买结果进行评估，并没有立项阶段及中期阶段的评估。（5）评估动力方向偏差。在政府向体育社会组织购买公共体育服务的过程中，由于体育社会组织服务有限，但为了推进政策的执行，某些地方快速成立体育社会组织，并进行购买活动，陷入"运动化"购买[1]，由于制度激励和现实困境，政府向体育社会组织购买公共体育服务存在购买内部化和政府倾向，作为购买方的政府和作为生产方的体育社会组织形成了捆绑关系，因此，在评估中一荣俱荣、一损俱损，注重形式造成了评估动力方向的偏差。（6）评估动力不足。第三方评估通常是由政府组织专家、媒体代表和社会公众等成立临时性评估组织，由于评估经费来源于政府，评估小组人员与政府有着利益关系，因此，很难保证评估的客观性和有效性，第三方评估组织评估动力不足，流于形式。（7）评估制度环境不健全。目前，政府购买公共服务评估的法律效力较低，可操作性不强，更没有针对公共体育服务的购买评估方面的法律法规。

---

[1] 郇昌店. 竞争式依附：业余足球组织的生存逻辑研究 [J]. 中国体育科技, 2018, 54 (1): 18-26.

第三节 政府向体育社会组织购买公共体育服务影响因素专家筛选

一、政府向体育社会组织购买公共体育服务影响因素专家筛选过程

课题组通过前文案例识别出的致因因子作为检查内容，编制出《政府向体育社会组织购买公共体育服务影响因素检查表》（见附录3），分别设计了"非常可能"、"比较可能"、"一般""比较不可能"和"不可能"5个选项，请政府部门相关工作人员、体育社会组织的相关工作人员逐一打分。根据专家的打分结果，计算出相关性，对政府向体育社会组织购买公共体育服务影响因素进行筛选。根据"可能性"的5个等级，将评价集设定为 A = (1, 0.75, 0.5, 0.25, 0)，再计算各致因因子的评价矩阵。以评估因素为例，影响因素筛选过程如下。

1. 确定评估因素评价矩阵。首先统计出每个致因因子5个"可能性"的评价人数，再计算出评价人数占调查人数的比例，建立影响因素可能性评价矩阵。如评估因素中的下属7个致因因子，"评估主体缺失"选择"非常可能""比较可能""一般""比较不可能"和"非常不可能"的人数分别为100、120、4、0、0，各评价值的评价人数占调查人数的比例分别为44.6%、53.6%、1.8%、0%、0%，建立"评估主体缺失"评价向量集 (0.446 0.536 0.018 0 0)，依照上面的方法和步骤建立"评估对象不全面""评估指标体系不完善""评估程序不合理""评估动力方向偏差""评估动力不足"和"评估制度环境不健全"评价向量集，分别为：(0.054 0.429 0.517 0 0)、(0.518 0.446 0.036 0 0)、(0.464 0.536 0 0 0)、(0 0 0.23 0.77 0)、(0 0.054 0.125 0.821 0) 和 (0.66 0.232 0.107 0 0)。建立评估因素的评价矩阵。

$$R_1 = \begin{pmatrix} r_{11} & r_{12} & r_{13} & r_{14} & r_{15} \\ r_{21} & r_{22} & r_{23} & r_{24} & r_{25} \\ r_{31} & r_{32} & r_{33} & r_{34} & r_{35} \\ r_{41} & r_{42} & r_{43} & r_{44} & r_{45} \\ r_{51} & r_{52} & r_{53} & r_{54} & r_{55} \\ r_{61} & r_{62} & r_{63} & r_{64} & r_{65} \\ r_{71} & r_{72} & r_{73} & r_{74} & r_{75} \end{pmatrix} = \begin{pmatrix} 0.446 & 0.536 & 0.018 & 0 & 0 \\ 0.054 & 0.429 & 0.517 & 0 & 0 \\ 0.518 & 0.446 & 0.036 & 0 & 0 \\ 0.464 & 0.536 & 0 & 0 & 0 \\ 0 & 0 & 0.23 & 0.77 & 0 \\ 0 & 0.054 & 0.125 & 0.821 & 0 \\ 0.66 & 0.232 & 0.107 & 0 & 0 \end{pmatrix}$$

2. 计算评估因素的相关性。

$$W = R_1 \circ A^T = \begin{pmatrix} 0.446 & 0.536 & 0.018 & 0 & 0 \\ 0.054 & 0.429 & 0.517 & 0 & 0 \\ 0.518 & 0.446 & 0.036 & 0 & 0 \\ 0.464 & 0.536 & 0 & 0 & 0 \\ 0 & 0 & 0.23 & 0.77 & 0 \\ 0 & 0.054 & 0.125 & 0.821 & 0 \\ 0.66 & 0.232 & 0.107 & 0 & 0 \end{pmatrix} \circ \begin{pmatrix} 1 \\ 0.75 \\ 0.5 \\ 0.25 \\ 0 \end{pmatrix} = \begin{pmatrix} 0.857 \\ 0.634 \\ 0.871 \\ 0.866 \\ 0.308 \\ 0.308 \\ 0.888 \end{pmatrix}$$

3. 根据相关性的计算结果，决定剔除或保留的指标。剔除或保留指标的标准为：相关度大于或等于0.5的保留，小于0.5的剔除。评估因素指标中"评估动力方向偏差""评估动力不足"的影响因素相关度分别为0.308、0.308，因此剔除"评估动力方向偏差""评估动力不足"；"评估主体缺失""评估对象不全面""评估指标体系不完善""评估程序不合理"和"评估制度环境不健全"的相关度分别为0.857、0.634、0.871、0.866和0.888，因此保留上述评估因素下的各项致因因子指标。

二、政府向体育社会组织购买公共体育服务影响因素专家筛选结果

根据评估因素相关度的计算和指标的筛选步骤和方法，对案例识别的各项指标进行专家筛选，筛选结果如下。

1. 删除了合作管理阶段的环境因素中的"自然环境""经济环境""政治环境"致因因子。三个致因因子的相关性分别为0.312、0.285、0.346，均低于0.5，因此剔除这三个致因因子指标。

2. 删除了合作管理阶段资金管理因素中的"政府资金投入不足"致因因子指标。"政府资金投入不足"的相关性为0.412，低于0.5，因此剔除该指标。在访谈中，也有个别专家提出"政府资金投入不足"在执行阶段不会出现，认为"我国政府购买公共服务的项目需要纳入财政预算，因此，资金投入不足应当出现在预算阶段，即政府决定买什么，花多少钱买的问题"。

3. 删除了合作管理阶段中评估因素的"评估动力方向偏差"和"评估动力不足"两个致因因子指标，其相关性为0.308和0.308，因此剔除这两个指标。

通过专家筛选后，政府向体育社会组织购买公共体育服务的影响因素识别结果为：决策阶段影响因素包括需求评估、经费预算、购买决策，体育社会组织选

择阶段包括信息不对称、腐败、逆向选择、垄断，合作管理阶段的影响因素包括合同订立、资金管理、主体协调、监督、道德失范、项目管理和评估因素，共14大类，每一大类有细化为不同的致因因子指标，共计46个致因因子指标。具体情况见表4-4。

表4-4 政府向体育社会组织购买公共体育服务影响因素专家筛选结果一览表

购买阶段	影响因素	致因因子	相关性
决策阶段	需求评估	缺乏有效的信息收集渠道	0.899
		公众需求表达机制不畅	0.861
		需求信息筛选失误	0.715
	经费预算	宏观经济环境不确定性	0.576
		未考虑隐性成本	0.763
		盲目压缩成本	0.714
		政府资金投入不足	0.721
	购买决策	购买内容确定不当	0.734
		购买方式选择不对	0.769
体育社会组织选择阶段	信息不对称	信息沟通方式不当	0.826
		信息传递渠道不畅通	0.803
		隐藏信息	0.875
		扭曲信息	0.844
	腐败	设租	0.805
		寻租	0.817
		合谋	0.821
	逆向选择	体育社会组织的资金不足	0.872
		体育社会组织的服务能力不足	0.865
		体育社会组织的人力资源不足	0.861
		体育社会组织服务有限	0.899
	垄断	政府倾向	0.863
		购买内部化	0.842

续表

购买阶段	影响因素	致因因子	相关性
合作管理阶段	合同订立	合同条款不完善	0.728
		合同标价不合理	0.735
		合同条款不灵活	0.768
	资金管理	成本追加	0.796
		资金支付方式不当	0.803
		资金管理不规范	0.888
	主体协调	政府部门协调的复杂性	0.781
		参与主体购买动机差异	0.715
		参与主体之间的不信任	0.607
		沟通渠道不畅通	0.734
	监督	监督主体作用发挥不充分	0.866
		监督能力不足	0.821
		监督职权分散	0.813
	道德失范	政府及相关部门的工作人员责任模糊	0.607
		体育社会组织的自利性	0.727
		社会公众的自利性	0.576
	项目管理	管理能力不足	0.769
		体育社会组织的综合能力下降	0.724
		管理模式不当	0.817
	评估	评估主体缺失	0.857
		评估对象不全面	0.634
		评估指标体系不完善	0.871
		评估程序不合理	0.866
		评估制度环境不健全	0.888

资料来源：研究组对《政府向体育社会组织购买公共体育服务影响因素检查表》调查数据的分析与统计，n=224。

第五章

政府向体育社会组织购买公共体育服务影响因素作用机理

第一节 政府向体育社会组织购买公共体育服务影响因素分析概况

一、系统动力学方法的适用性

传统分析方法大多用于研究单个影响因素对绩效的影响或者影响因素对单一绩效目标的影响。但政府向体育社会组织购买公共体育服务的各影响因素之间通常是相互影响和相互作用的，某一影响因素的变化都将影响到其他影响因素的变化，进而影响绩效目标。系统动力学是分析复杂系统甚至特大系统的强有力工具，它是研究动态系统中信息反馈行为的一种仿真方法，通过建立因果关系图、系统动力学方程来构建系统动力学模型，然后引入相关变量的数据对模型进行模拟分析，从而确定系统各个影响因素的性质。机理是指为实现某一特定功能，系统结构中各要素的内在工作方式及在一定环境条件下相互联系和作用的运行规则和原理。因此，与传统分析方法相比较，系统动力学分析方法在分析复杂的、动态系统中各要素相互影响的规则和原理上，具有独特的优势。早在20世纪90年代，部分学者运用系统动力学对复杂的项目进行研究，并取得了较好的研究效果，充分证明系统动力学在项目管理研究中的可行性和优势。部分学者也研究了系统动力学在项目影响研究中的作用和优势，认为系统动力模型能够处理交互的、动态的项目,[1]并用于项目评

---

[1] WANG Qi-fan, NING Xiao-qian, YOU Jiong. Advantages of System Dynamics Approach in Managing Project Risk Dynamics [J]. Journal of Fudan University, 2005, 44 (2): 202-206.

价。[1] 基于系统的视角来分析政府向体育社会组织购买公共体育服务，该系统存在自我边界，从总体结构来说存在多要素，且要素相互关联和作用，形成了一个动态的有机整体。从政府向体育社会组织购买公共体育服务的整体出发，通过系统动力学的模拟方法，能够在非完备信息状态下，研究政府向体育社会组织购买公共体育服务各个影响因素在控制策略要素的影响下的相互影响和作用的关系，找出关键影响要素。

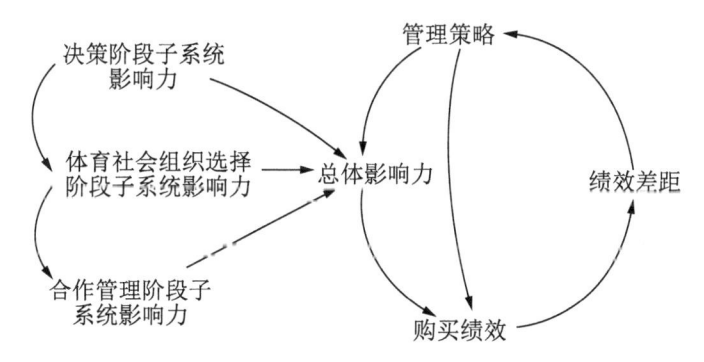

二、政府向体育社会组织购买公共体育服务的系统总体结构

认识政府向体育社会组织购买公共体育服务的系统总体结构是为了了解各影响因素的传导路径和对整个购买系统要素的作用机理，并确定关键影响因素及子系统。本书首先根据购买过程的不同环节，将政府向体育社会组织购买公共体育服务划分为总体影响力、购买绩效、绩效差距和管理策略系统，并根据政府向体育社会组织购买公共体育服务的过程划分，把总体影响力划分为决策阶段子系统、体育社会组织选择阶段子系统、合作管理阶段子系统，分析了各子系统中影响力的传导路径及各子系统之间的影响力是如何相互作用和相互影响的运行规则，根据各子系统影响力的传导路径和运行规则构建出政府向体育社会组织购买公共体育服务总流图。政府向体育社会组织购买公共体育服务各子系统与管理策略系统和绩效系统的关系，如图5-1所示。

图5-1 政府向体育社会组织购买公共体育服务系统总体结构图

由图5-1可知，决策阶段子系统的影响因素将影响到体育社会组织选择阶段

---

[1] 王昇轩. 基于B2B平台的线上供应链金融风险评价研究 [D]. 长春：吉林大学, 2016.

子系统，而体育社会组织选择阶段子系统的影响因素将给合作管理阶段子系统带来一定的影响，三阶段子系统的影响力相互作用，形成整个政府向体育社会组织购买公共体育服务总体影响力。政府向体育社会组织购买公共体育服务的影响因素必然会降低购买的绩效水平，使其偏离政府所期望的绩效水平，由于这种偏离程度的加大，政府就会采取影响控制策略，减少不利影响因素。

从以上分析来看，政府向体育社会组织购买公共体育服务的影响因素是制约绩效水平的主要因素，因此，要使购买服务达到期望的绩效水平，就要控制影响各子系统的各种影响因素。通过建立系统动力学模型，对各子系统的影响因素和作用机理进行分析，从而更深入地了解影响因素的作用机理。

三、政府向体育社会组织购买公共体育服务系统的系统边界

系统边界确定是分析系统的前提，主要工作是根据研究问题分析系统要素的数量和类别，按照研究问题、实际情况和系统特点界定系统边界。运用系统动力学方法研究政府向体育社会组织购买公共体育服务影响因素间的作用机理，首要任务是确定政府向体育社会组织购买公共体育服务的影响因素并对其进行简化。系统边界确定的基本原则：围绕分析和解决的基本问题，确定哪些影响因素对系统产生直接影响。

具体来说，从政府向体育社会组织购买公共体育服务的实施流程来看，存在一个完整的生命周期，即决策阶段、体育社会组织选择阶段、合作管理阶段三个阶段，每个阶段存在不同的特点，从购买决策到合作管理，每个阶段所处的环境和自身的特点差异，导致每个阶段的影响因素呈现多样性、动态性、阶段性和复杂性的特点，主要影响因素在不同阶段会发生变化。本书主要把通过识别过程识别出来的政府向体育社会组织购买公共体育服务的影响因素及致因因子、与受其影响并发生动态变化的要素——绩效和管理策略作为系统边界。

四、政府向体育社会组织购买公共体育服务系统的基本特征

政府向体育社会组织购买公共体育服务系统涉及的主体多，过程复杂，表现出以下几个方面的特征。

第一，政府向体育社会组织购买公共体育服务的参与主体多且运行过程复杂。政府、体育社会组织和社会公众在服务中形成的双重委托代理关系，信息传

递存在多个通道与回路，使得影响因素具有不确定性和隐蔽性，对不利因素控制就成为一项复杂的系统工程。

第二，该系统符合因果关系。政府向体育社会组织购买公共体育服务各子系统内部、子系统之间及与外界环境之间均存在一定的相互作用关系，也就是说，不同系统要素之间相互作用，形成若干因果关系环，又称反馈环，这些环有大有小，行为各异，在一定程度上决定了政府向体育社会组织购买公共体育服务系统的人员流、资金流、设备流、物料流与信息流。

第三，系统中的各要素符合非线性关系特征。政府向体育社会组织购买公共体育服务各个阶段的影响因素相互交叉，关系错综复杂，具有离散性，从单个影响因素出发，我们很难判断这一影响因素最终会在整个过程中起什么作用，对其进行控制后，是否能够达到相应的预期效果。由于在政府向体育社会组织购买公共体育服务各子系统中，单个影响因素的变化会引起其他影响因素的动态变化，从而影响系统其他要素的动态变化，这种非线性的动态变化很难直观描述，但是通过系统动力学模型和模拟，可以直观反映影响因素间的作用效应、动态变化及控制效果。

第二节　政府向体育社会组织购买公共体育服务各系统影响因素运行规则

课题组采用先分后总的研究方式，将政府向体育社会组织购买公共体育服务的系统分为绩效子系统、管理策略子系统和决策阶段子系统、体育社会组织选择阶段子系统、合作管理阶段子系统。然后，课题组对决策阶段子系统、体育社会组织选择阶段子系统、合作管理阶段子系统的影响因素运行规则进行深入分析后，再将其与控制和绩效子系统进行组合，组成政府向体育社会组织购买公共体育服务总系统。

一、决策阶段子系统影响因素的因果关系结构及系统流图

决策阶段子系统的影响因素有经费预算错误、购买决策偏差、需求评估失误，具体的致因因子包括：宏观经济环境不确定性、政府资金投入不足、未考虑隐性成本、盲目压缩成本、购买内容确定不当、购买方式选择不对、公众需求的表达机制不畅、缺乏有效的信息收集渠道、需求信息筛选失误。这些影响因素和

致因因子之间的因果结构关系如图 5-2 所示。

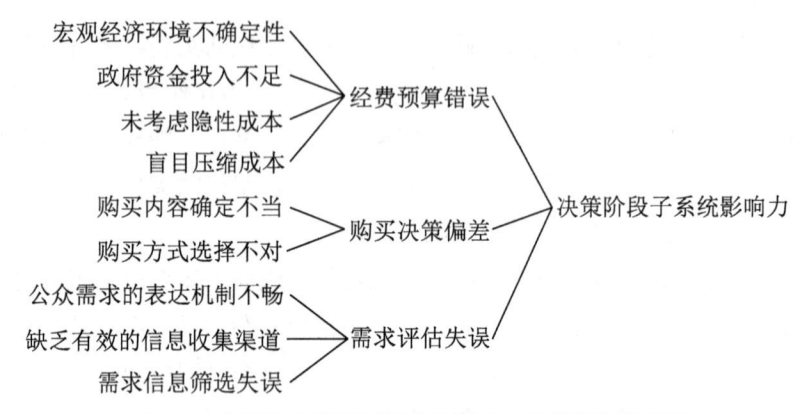

图 5-2　本研究决策阶段子系统影响力因果结构关系图

可见，经费预算错误由宏观经济环境不确定、政府资金投入不足、未考虑隐性成本和盲目压缩成本造成，购买决策偏差来源于购买内容确定不当和购买方式选择不对，需求评估失误则由公众需求的表达机制不畅、缺乏有效的信息收集渠道和需求信息筛选失误造成。影响因素及致因因子之间关系流图如图 5-3 所示。

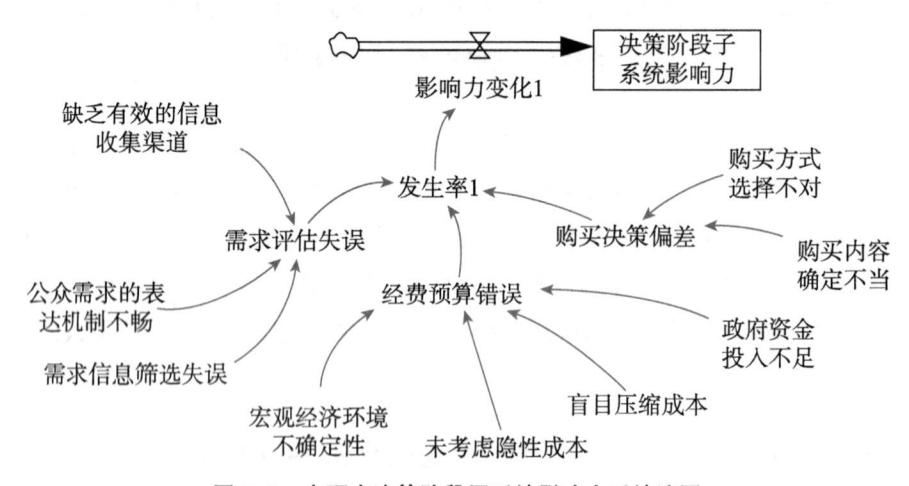

图 5-3　本研究决策阶段子系统影响力系统流图

根据系统动力学原理，可以将所有变量分为水平变量、流率变量、辅助变量和常数变量。水平变量（level variable）表示某些物理量的累积水平；流率变量（rate variable）表示水平变量的变化率；辅助变量（Auxiliary Variable）是沟通水平变量和流率变量的中间变量；常量（Constant）是系统中不会被修改的量，常量一般为系统的局部标准。决策阶段子系统的变量情况如表 5-1 所示。

表 5-1 本研究决策阶段子系统变量集一览表

变量名称	变量代码	变量含义	变量说明
决策阶段子系统影响力	L1	决策阶段子系统影响因素总体影响水平	表示决策阶段系统影响因素的总体影响水平指标，分值越大表示决策阶段子系统影响因素的总体影响水平越高
变化 1	R1	决策阶段子系统影响因素总体影响水平增加量	单位时间决策阶段子系统影响因素的总体影响水平增加量
需求评估	A1	需求评估影响水平	单位时间需求评估影响水平大小的标度，分值越大表示需求评估失误越多
经费预算	A2	经费预算影响水平	单位时间经费预算影响水平大小的标度，分值越大表示经费预算的影响水平越大
购买决策	A3	购买决策影响水平	单位时间购买决策影响水平大小的标度，分值越大表示购买决策偏差越大
公众需求表达机制不畅	C1	公众需求表达机制影响水平	单位时间公众需求的影响水平值，分值越大表示公众需求表达机制越不畅
缺乏有效的信息收集渠道	C2	信息收集渠道的影响水平	单位时间信息收集渠道的影响水平量，分值越大表示信息收集渠道越缺乏
需求信息筛选失误	C3	需求信息筛选的影响水平	单位时间需求信息筛选的影响水平量，分值越大表示需求信息筛选越失误
宏观经济环境不确定	C4	宏观经济环境的影响水平	单位时间宏观经济环境的影响水平量，分值越大表示宏观经济环境越不确定
未考虑隐性成本	C5	未考虑隐性成本的影响水平	单位时间隐性成本影响水平量，分值越大则未考虑到隐性成本的可能性越大
盲目压缩成本	C6	盲目压缩成本的影响水平	单位时间压缩成本的影响水平量，分值越大表示压缩成本可能性越大
政府资金投入不足	C7	政府资金投入的影响水平	单位时间政府资金投入的影响水平量，分值越大表示政府资金投入越不足

续表

变量名称	变量代码	变量含义	变量说明
购买内容确定不当	C8	购买内容选择的影响水平	单位时间购买内容选择的影响水平量，分值越大表示购买内容越不当
购买方式选择错误	C9	购买方式选择的影响水平	单位时间购买方式选择的影响水平量，分值越大表示购买方式选择越不对

二、体育社会组织选择阶段子系统影响因素的因果关系结构及系统流图

政府向体育社会组织购买公共体育服务体育社会组织选择阶段子系统的影响因素主要有信息不对称、垄断、腐败和逆向选择4种因素，具体的致因因子包括：信息传递渠道不畅通、信息沟通方式不当、扭曲信息、隐藏信息、政府倾向、体育社会组织服务有限、购买内部化、合谋、寻租、设租、体育社会组织人力资源不足、体育社会组织服务能力低和体育社会组织的资金不足等影响因素和致因因子之间的因果关系结构如图5-4所示。

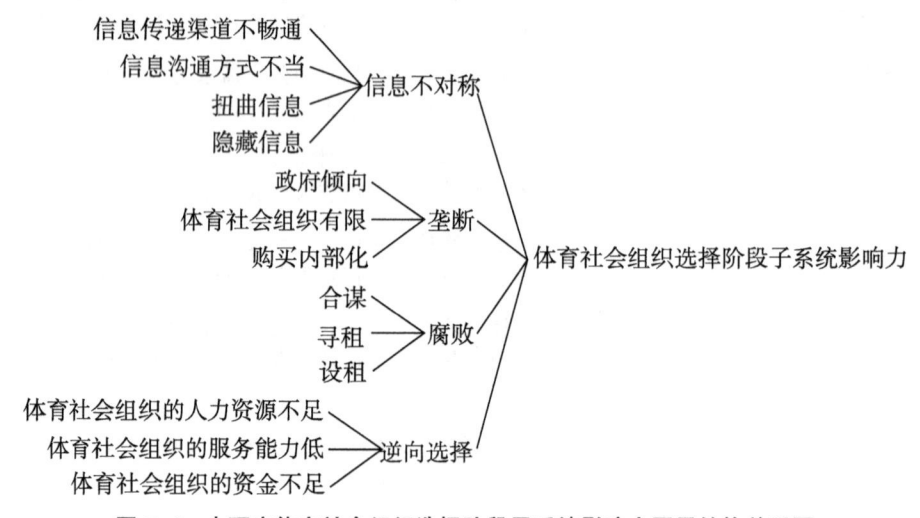

图 5-4 本研究体育社会组织选择阶段子系统影响力因果结构关系图

体育社会组织选择阶段将受到信息不对称、垄断、腐败和逆向选择等因素的影响，信息不对称由信息传递渠道不畅通、信息沟通方式不当、扭曲信息、隐藏信息导致，垄断则由政府倾向、体育社会组织有限、购买内部化行为导致，腐败

则取决于合谋、寻租和设租的程度，逆向选择包括体育社会组织人力资源不足、体育社会组织服务能力低和体育社会组织资金不足。影响因素及致因因子之间关系流图如图 5-5 所示。

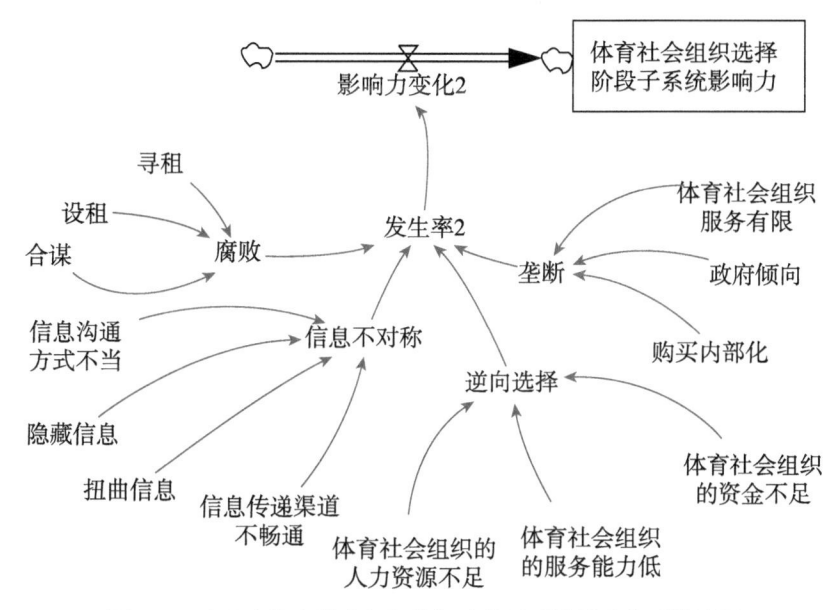

图 5-5　本研究体育社会组织选择阶段子系统影响力系统流图

政府向体育社会组织购买公共体育服务体育社会组织选择阶段子系统变量情况如表 5-2 所示。

表 5-2　本研究体育社会组织选择子系统变量集一览表

变量名称	变量代码	变量含义	变量说明
体育社会组织选择阶段子系统影响因素	L2	体育社会组织选择阶段子系统影响因素的总体影响水平	体育社会组织选择阶段子系统各影响因素的总体影响水平指标，分值越大表示各影响因素的总体影响水平越高
变化 2	R2	体育社会组织选择阶段子系统影响因素总体影响水平的增加量	单位时间体育社会组织选择阶段子系统的影响因素的总体影响水平的增加量

续表

变量名称	变量代码	变量含义	变量说明
信息不对称	A4	信息不对称的影响水平	单位时间的信息不对称影响水平大小标度，分值越大表示信息越不对称
垄断	A5	垄断行为的影响水平	单位时间垄断行为影响水平大小标度，分值越大则垄断行为发生可能性越大
腐败	A6	腐败行为的影响水平	单位时间腐败行为影响水平大小标度，分值越大即腐败行为发生可能性越大
逆向选择	A7	逆向选择行为的影响水平	单位时间的逆向选择行为影响水平大小标度，分值越大表示逆向选择可能性越大
信息沟通方式不当	C10	信息沟通方式的影响水平	单位时间信息沟通方式影响水平值，分值越大，沟通方式越不当
信息传递渠道不畅通	C11	信息传递渠道的影响水平	单位时间信息传递渠道的影响水平量，分值越大，信息传递渠道越受阻
隐藏信息	C12	隐藏信息行为的影响水平	单位时间隐藏信息行为的影响水平量，分值越大，隐藏信息的可能性越大
扭曲信息	C13	扭曲信息行为的影响水平	单位时间扭曲信息行为影响水平量，分值越大，扭曲信息可能性越大
体育社会组织数服务有限	C14	体育社会组织数量的影响水平	单位时间体育社会组织数量影响水平量，分值越大则体育社会组织数量越少
政府倾向	C15	政府倾向行为的影响水平	单位时间政府倾向的影响水平量，分值越大，表示政府倾向行为越严重
购买内部化	C16	购买内部化的影响水平	单位时间购买内部化的影响水平量，分值越大，表示购买内部化行为越严重
设租	C17	设租行为的影响水平	单位时间设租的影响水平量，分值越大，表示设租行为越严重

续表

变量名称	变量代码	变量含义	变量说明
寻租	C18	寻租行为的影响水平	单位时间寻租的影响水平量,分值越大,表示寻租行为越严重
合谋	C19	合谋行为的影响水平	单位时间合谋的影响水平量,分值越大,表示合谋行为越严重
体育社会组织的资金不足	C20	体育社会组织资金量的影响水平	单位时间体育社会组织资金量的影响水平量,分值越大则资金越不足
体育社会组织的服务能力低	C21	体育社会组织服务能力的影响水平	单位时间体育社会组织服务能力的影响水平量,分值越大,表示体育社会组织的服务能力越不足
体育社会组织的人力资源不足	C22	体育社会组织人力资源的影响水平	单位时间体育社会组织的人力资源的影响水平量,分值越大,表示体育社会组织的人力资源越不足

三、合作管理阶段子系统影响因素的因果关系结构及系统流图

合作管理阶段子系统的影响因素主要有主体协调、合同订立、监督、评估、资金管理、道德失范、项目管理共7个影响因素,具体的致因因子包括参与主体之间的不信任、参与主体购买动机差异、政府部门协调的复杂性、沟通渠道不畅通、合同条款不完善、合同条款不灵活、合同标价不合理、监督主体参与度、监督能力不足、监管职权分散、评估主体缺失、评估制度环境不健全、评估对象不全面、评估指标体系不完善、评估程序不合理、成本追加影响、资金支付方式不当、资金管理不规范、体育社会组织的自利性、政府及相关部门的工作人员卸责影响、社会公众的自利性、体育社会组织综合能力下降、管理模式、管理能力。这些影响因素和致因因子之间的因果关系如图5-6所示。

参与主体之间的不信任
参与主体购买动机差异
政府部门协调的复杂性 → 主体协调
沟通渠道不畅通
合同条款不完善
合同条款不灵活 → 合同订立
合同标价不合理
监督主体作用发挥不充分
监督能力不足 → 监督
监管职权分散
评估主体缺失
评估制度环境不健全
评估对象不全面 → 评估
评估指标体系不完善
评估程序设计不合理
成本追加
资金支付方式不当 → 资金管理
资金管理不规范
体育社会组织的自利性
政府及相关部门的工作人员责任模糊 → 道德失范
社会公众的自利性
体育社会组织的综合服务能力下降
管理模式不当 → 项目管理
管理能力不足

→ 合作管理阶段子系统影响力

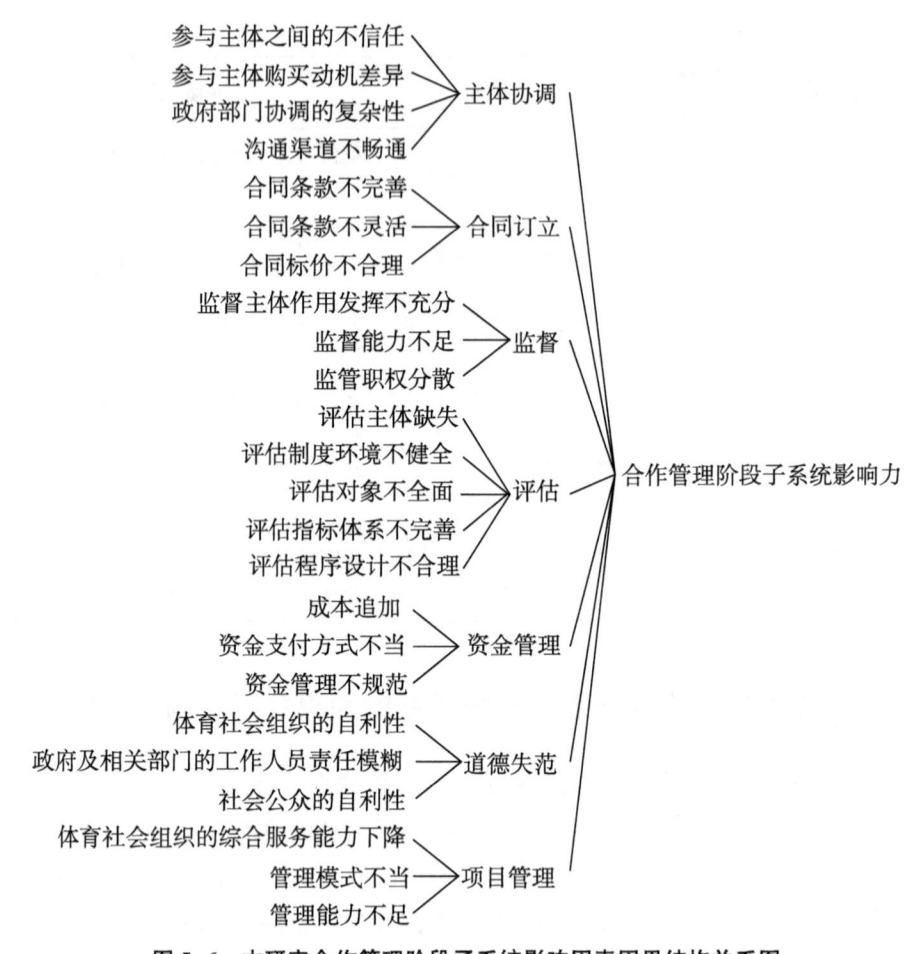

图 5-6 本研究合作管理阶段子系统影响因素因果结构关系图

主体协调、合同订立、监督、评估、资金管理、道德失范和项目管理等影响合作管理过程中绩效，主体协调好坏取决于参与主体之间的信任度、参与主体购买动机差异、政府部门协调的复杂性和沟通渠道的畅通，合同订立是否得当取决于合同条款的完善性、合同条款的灵活性和合同标价合理性，监督则取决于监督主体参与度、监管职权集中度和监督能力，评估则受到评估主体缺失、评估制度环境不健全、评估对象不全面、评估指标体系不科学、评估程序不合理的影响，资金管理受到成本追加风险、资金支付方式不当和资金管理的规范性等因子的影响，道德失范受到体育社会组织的自利性、政府及相关部门的工作人员卸责和社会公众的自利性等致因因子的影响，项目管理取决于体育社会组织的综合服务能力、管理模式和管理能力。合作管理阶段子系统的影响因素及致因因子之间关系流图如图 5-7 所示。

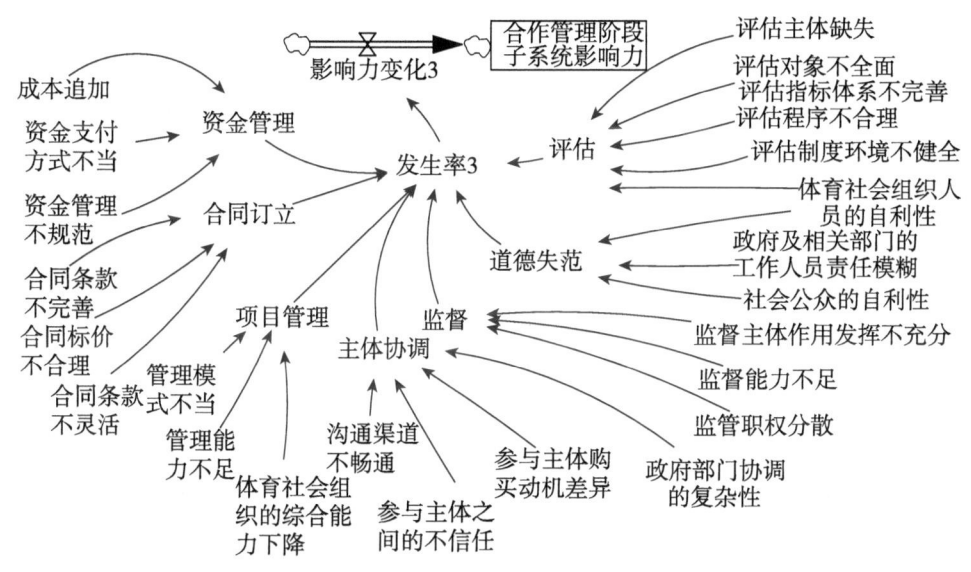

图 5-7 本研究合作管理阶段子系统影响力系统流图

合作管理子系统出现变量情况如表 5-3 所示。

表 5-3 本研究合作管理子系统影响子系统变量集一览表

变量名称	变量代码	变量含义	变量说明
合作管理阶段子系统影响因素	L3	合作管理阶段子系统影响因素的总体影响水平	合作管理阶段子系统影响因素总体影响水平指标，分值越大，表示合作管理子系统影响因素的总体影响水平越高
变化 3	R3	合作管理阶段子系统影响因素总体影响水平的增加量	单位时间合作管理阶段子系统影响因素总体影响水平的增加量
合同订立	A8	合同订立的影响水平	单位时间合同订立影响水平大小的标度，分值越大表示合同订立影响力越大
资金管理	A9	资金管理的影响水平	单位时间资金管理影响水平大小的标度，分值越大表示资金管理影响力越大

续表

变量名称	变量代码	变量含义	变量说明
主体协调	A10	主体协调的影响水平	单位时间主体协调影响水平大小的标度，分值越大表示主体协调影响力越大
项目管理	A11	项目管理的影响水平	单位时间项目管理影响水平大小的标度，分值越大表示项目管理影响力越大
道德失范	A12	道德失范的影响水平	单位时间道德影失范水平大小的标度，分值越大表示道德失范影响越大
监督	A13	监督的影响水平	单位时间监督影响水平大小的标度，分值越大表示监督影响越大
评估	A14	评估的影响水平	单位时间评估影响水平大小的标度，分值越大表示评估影响越大
合同条款不完善	C23	合同条款完善性的影响水平	单位时间合同条款完善性的影响水平值，分值越大合同越不完善
合同标价不合理	C24	合同标价合理性的影响水平	单位时间合同标价合理性的影响水平量，分值越大合同标价越不合理
合同条款不灵活	C25	合同条款灵活性的影响水平	单位时间合同条款灵活性的影响水平量，分值越大合同条款越不灵活
成本追加	C26	成本追加行为的影响水平	单位时间成本追加行为的影响水平量，分值越大成本追加的可能性越大
资金支付方式不当	C27	资金支付方式的影响水平	单位时间资金支付方式的影响水平大小的标度，分值越大表示资金支付方式不当
资金管理不规范	C28	资金管理的影响水平	单位时间资金管理影响水平量，分值越大，表示资金管理越不规范
政府部门协调的复杂性	C29	政府部门协调的影响水平	单位时间政府部门协调的影响水平量，分值越大，表示政府部门协调越难
参与主体购买动机差异	C30	参与主体购买动机的影响水平	单位时间参与主体购买动机的影响水平量，分值越大，购买动机差异越大
参与主体之间的不信任	C31	参与主体信任度的影响水平	单位时间参与主体信任度的影响水平量，分值越大，表示参与主体之间越不信任

续表

变量名称	变量代码	变量含义	变量说明
沟通渠道不畅通	C32	沟通渠道的影响水平	单位时间沟通渠道的影响水平量,分值越大,表示沟通渠道越不畅
体育社会组织综合能力下降	C33	体育社会组织的综合能力的影响水平	单位时间体育社会组织的综合能力的影响水平量,分值越大,表示体育社会组织的综合能力下降越多
管理模式不当	C34	管理模式的影响水平	单位时间管理模式的影响水平量,分值越大,表示管理模式越不当
管理能力不足	C35	管理能力的影响水平	单位时间管理能力的影响水平量,分值越大,表示管理能力越低
政府及相关部门的工作人员责任模糊	C36	政府及相关部门的工作人员责任心的影响水平	单位时间政府及相关部门的工作人员责任心的影响水平量,分值越大,表示政府及相关部门的工作人员责任模糊的可能越大
体育社会组织的自利性	C37	体育社会组织的自利性影响水平	体育社会组织的自利性的影响水平量,分值越大,表示体育社会组织的自利性越强
社会公众的自利性	C38	社会公众的自利性的影响水平	社会公众的自利性的影响水平量,分值越大,表示社会公众的自利性越强
监督主体作用发挥不充分	C39	监督主体参与度的影响水平	监督主体参与度的影响水平量,分值越大,表示监督主体参与度越低
监督能力不足	C40	监督能力的影响水平	监督能力的影响水平量,分值越大,表示监督能力越弱
监管职权分散	C41	监管职权集中度的影响水平	监督职权的集中度的影响水平量,分值越大,表示监管职权集中度越低
评估主体缺失	C42	评估主体参与度的影响水平	评估主体参与度的影响水平量,分值越大,表示评估主体参与度越低
评估对象不全面	C43	评估对象全面性的影响水平	评估对象的影响水平量,分值越大,表示评估对象不全面
评估指标体系不完善	C44	评估指标体系科学性的影响水平	评估指标体系科学性的影响水平量,分值越大,表示评估指标体系越不科学
评估程序不合理	C45	评估程序合理性的影响水平	评估程序合理性的影响水平量,分值越大,表示评估程序越不合理

续表

变量名称	变量代码	变量含义	变量说明
评估制度环境不健全	C46	评估制度环境健全性的影响水平	评估制度环境健全性的影响水平量,分值越大,表示评估制度环境越不健全

四、控制策略子系统因果关系图

在影响因素及致因因子的相互作用下,政府向体育社会组织购买公共体育服务的绩效会降低,服务外包相关研究提出当绩效低于期望绩效时,政府会采取一定的控制策略,具体包括战略管理、关系管理、质量管理、合同管理和流程管理。[1] 因为服务外包和政府向体育社会组织购买公共体育服务的运行过程具有一定的相似性,因此本书借鉴了该研究成果,通过引入战略管理、关系管理、质量管理、合同管理和流程管理等管理策略来考察通过控制策略控制后的各影响因素的总体变化水平。战略管理的主要目的是通过决策对购买内容、购买模式及购买对象等控制,加强购买服务与需求的对接,增强社会公众体育需求的响应性,加强购买服务与承接主体的对接,增强对承接主体选择的准确性;通过关系管理加强政府部门之间,政府部门与体育社会组织之间的交流、沟通与协调,从而减少沟通与协调影响;合同管理、质量管理和流程管理主要目的是通过合同和流程管理加强政府向体育社会组织购买公共体育服务系统内物流、信息流的控制,降低购买成本,提高购买质量。控制策略子系统的因果关系如图5-8所示。

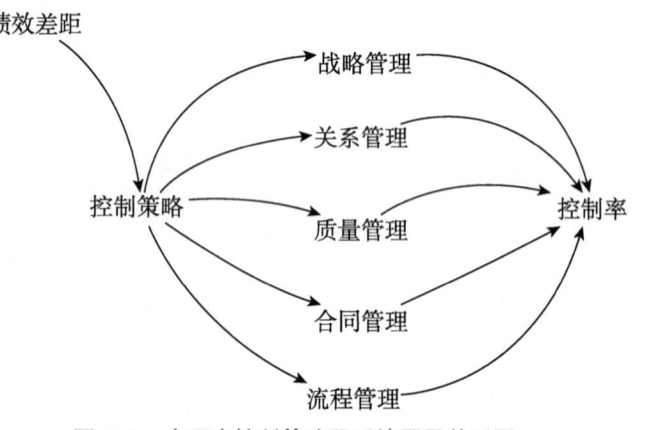

图5-8 本研究控制策略子系统因果关系图

---

[1] 王桂森. 企业IT服务外包风险控制模型研究 [D]. 哈尔滨: 哈尔滨工业大学, 2011.

五、政府向体育社会组织购买公共体育服务系统总流图

通过对上述政府向体育社会组织购买公共体育服务系统内部各子系统的因果关系和系统流图的深入分析，采用软件 Vensim 中的语言和工具，构建了政府向体育社会组织购买公共体育服务的系统总流图，如图 5-9 所示。

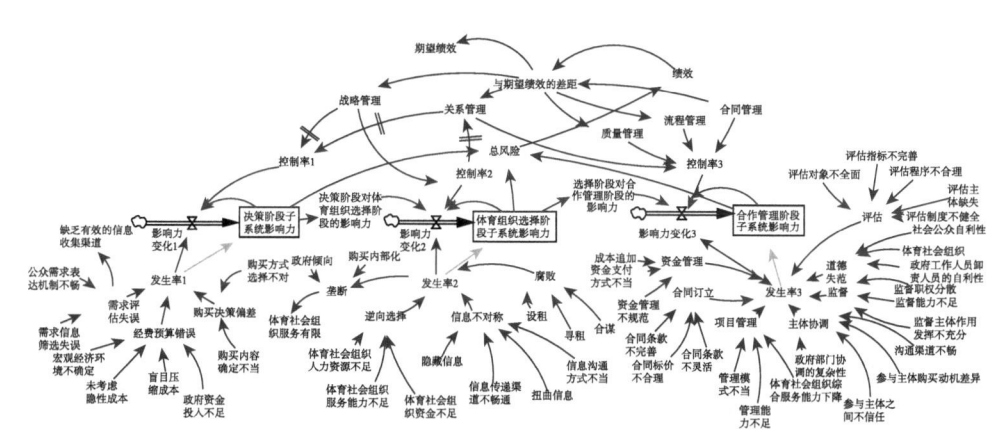

图 5-9　政府向体育社会组织购买公共体育服务系统总流图

政府向体育社会组织购买公共体育服务系统中，影响因素影响政府向体育社会组织购买公共体育服务，绩效产生的变化不是立即显现的，需要一个变化时间，因此流图中的"chang time"将作用于变化1、变化2和变化3，同样战略管理、关系管理、合同管理、质量管理和流程管理也需要一定的时间才能发挥作用，因此流图中的"delay time"将作用于控制率1、控制率2和控制率3。在政府向体育社会组织购买公共体育服务系统中，影响因素及致因因子、管理策略和控制率之间相互影响和相互作用的机理体现在系统动力学方程（W 为影响因素的权重），具体如下：

（1）总体影响力=1-（1-决策阶段子系统影响力）×（1-体育社会组织选择阶段子系统影响力）×（1-合作管理阶段子系统影响力）

（2）与期望绩效的差距=期望绩效-实际绩效

（3）绩效=1-总体影响力（假定期望绩效为1，即最完满的状态）

（4）决策阶段子系统影响力= INTEG（变化1，发生率1）（INTEG 为系统动力模型的积分函数）

（5）发生率1＝W_{11}×需求评估失误+W_{12}经费预算错误+W_{13}购买决策偏差

（6）经费预算错误＝W_{111}×未考虑隐性成本+W_{112}×盲目压缩成本+W_{113}×宏观经济环境不确定+W_{114}×政府资金投入不足

（7）购买决策偏差＝W_{121}×购买内容确定不当+W_{122}×购买方式选择不对

（8）需求评估失误＝W_{131}×需求表达机制不充分+W_{132}×缺乏有效的信息收集渠道+W131×需求信息筛选失误

（9）变化1＝［发生率1×（1-控制率1）-决策阶段子系统影响力］/4

（10）控制率1＝DELAY3（战略管理+关系管理/2，3）

（11）战略管理 = WITH LOOKUP（与期望绩效的差距，（［（0，0）-（1，1）］，（0，0.001），（0.1，0.05），（0.2，0.1），（0.3，0.2），（0.4，0.4），（0.5，0.7），（0.6，0.8），（0.7，0.85），（0.8，0.90），（0.85，0.92），（0.9，0.95）））

（12）关系管理= WITH LOOKUP（与期望绩效的差距，（［（0，0）-（1，1）］，（0，0.001），（0.1，0.05），（0.2，0.1），（0.3，0.2），（0.4，0.4），（0.5，0.7），（0.6，0.8），（0.7，0.85），（0.8，0.90），（0.85，0.92），（0.9，0.95）））

（13）体育社会组织选择阶段子系统影响力 = INTEG（变化2，发生率2）

（14）发生率2＝W_{21}×信息不对称影响+W_{22}×垄断行为+W_{23}×腐败行为+W_{24}×逆向选择行为

（15）信息不对称影响＝W_{211}×隐藏信息+W_{212}×扭曲信息+W_{213}×信息传递渠道不畅通+W_{214}×信息沟通方式不当

（16）垄断行为＝W_{221}×体育社会组织服务有限+W_{222}×政府倾向+W_{223}×购买内部化

（17）腐败行为＝W_{231}×合谋+W_{232}×寻租+W_{233}×设租

（18）逆向选择行为＝W_{241}×体育社会组织资金不足+W_{242}×体育社会组织人力资源不足+W_{243}×体育社会组织服务能力不足

（19）变化2＝［发生率2×（1-控制率2）×决策阶段子系统影响影响力-体育社会组织选择阶段子系统影响力］/4

（20）控制率2＝DELAY3（关系管理+战略管理/2，2）

（21）合作管理阶段子系统影响力 = INTEG（变化3，发生率3）

（22）发生率3＝W_{31}×资金管理+W_{32}×主体协调+W_{33}×道德失范+W_{34}×合同订

立+W_{35}×评估影响+W_{36}×监督+W_{37}×管理

（23）变化3=［发生率3×（1-控制率3）×体育社会组织选择阶段子系统-合作管理阶段子系统影响力］/4

（24）资金管理=W_{311}×成本追加+W_{312}×资金管理不当+W_{313}×资金支付方式不当

（25）主体协调=W_{321}×参与主体购买动机差异+W_{322}×参与主体之间不信任+W_{323}×沟通渠道不畅+W_{324}×政府部门协调的复杂性

（26）道德失范=W_{331}×政府及相关部门的工作人员责任模糊+W_{332}×体育社会组织人员自利性+W_{333}×社会公众自利性

（27）合同订立=W_{341}×合同条款不完善+W_{342}×合同条款不灵活+W_{343}×合同标价不合理

（28）评估影响=W_{351}×评估主体缺失+W_{352}×评估指标体系不完善+W_{353}×评估程序不合理+W_{354}×评估制度不健全+W_{355}×评估对象不全面

（29）监督=W_{361}×监督能力不足+W_{362}×监督主体作用发挥不充分+W_{363}×监督职权分散

（30）项目管理=W_{371}×管理能力不足+W_{372}×体育社会组织综合服务能力下降+W_{373}×管理模式不当

（31）合同管理= WITH LOOKUP（与期望绩效的差距,（［（0,0）-（1,1）］,（0,0.001）,（0.1,0.05）,（0.2,0.1）,（0.3,0.2）,（0.4,0.4）,（0.5,0.7）,（0.6,0.8）,（0.7,0.85）,（0.8,0.90）,（0.85,0.92）,（0.9,0.95）））

（32）流程管理= WITH LOOKUP（与期望绩效的差距,（［（0,0）-（1,1）］,（0,0.001）,（0.1,0.05）,（0.2,0.1）,（0.3,0.2）,（0.4,0.4）,（0.5,0.7）,（0.6,0.8）,（0.7,0.85）,（0.8,0.90）,（0.85,0.92）,（0.9,0.95）））

（33）质量管理=WITH LOOKUP（与期望绩效的差距,（［（0,0）-（1,1）］,（0,0.001）,（0.1,0.05）,（0.2,0.1）,（0.3,0.2）,（0.4,0.4）,（0.5,0.7）,（0.6,0.8）,（0.7,0.85）,（0.8,0.90）,（0.85,0.92）,（0.9,0.95）））

（34）控制率3=DELAY3［（关系管理+合同管理+流程管理+质量管理）/4,3］

说明：（1）WITH LOOKUP 是系统动力学模型中的表函数，用于建立两个变量之间的非线性关系，本书用 WITH LOOKUP 函数建立控制策略和与期望绩效的差距的关系；本模型参照通行的政府服务外包影响控制的标准，将控制水平降低了一个等级，观察降低了控制标准的影响变化，如果降低了等级的控制标准有效，说明采用的控制策略的控制效果较好。

（2）DELAY1 是系统动力学模型中的延迟函数，用于刻画变量变化需要一定时间的滞后才能得到有所反应的函数类型，政府向体育社会组织购买公共体育服务的管理策略实施后，控制率的变化不是马上显现，需要一定的延迟时间才会出现效果。

通过建立系统动力学的因果关系结构、系统流图和系统动力学方程，可以分析政府向体育社会组织购买公共体育服务的影响因素及致因因子间的运行规则。决策阶段子系统的影响力是由需求评估影响、经费预算影响、购买决策影响共同作用下形成的变化 1 及战略管理和关系管理控制下的控制率 1 在一定的时间内共同作用的结果；体育社会组织选择阶段子系统的影响力是由信息不对称、腐败、逆向选择、垄断共同作用下形成的变化 2，战略管理和关系管理控制下的控制率 2 及决策子系统影响在一定的时间内共同作用的结果；合作管理阶段子系统的影响力是由合同订立、资金管理、主体协调、项目管理、道德失范、监督、评估共同作用下形成的影响变化 3，关系管理、合同管理、流程管理和质量管理控制下的控制率 3 及体育社会组织选择子系统的影响力在一定的时间内共同作用的结果；在该系统中，控制策略、绩效、期望绩效及与期望绩效的差距在管理中起着非常重要的调控作用，当影响导致绩效低于期望绩效时，将采取战略管理、关系管理、合同管理、质量管理和流程管理对影响因素及致因因子进行调控。

第三节　政府向体育社会组织购买公共体育服务影响力传导路径

根据政府向体育社会组织购买公共体育服务的因果关系总流图，可以更深入地分析以时间轴为顺序的决策阶段子系统、体育社会组织选择阶段子系统、合作管理阶段子系统影响因素和致因因子的因果关系回路。通过基本因果回路，可以直观地看出政府向体育社会组织购买公共体育服务各因素影响力的传导路径。

一、决策阶段子系统影响力传导路径

在决策阶段子系统中，各影响因素和致因因子通过 6 个基本回路作用于系统

总体,具体如下。

(1) 决策阶段子系统影响力——总体影响——绩效——与期望绩效的差距——战略管理——控制率1——变化1——决策阶段子系统影响力

(2) 决策阶段子系统影响力——总体影响——绩效——与期望绩效的差距——关系管理——控制率1——变化1——决策阶段子系统影响力

(3) 决策阶段子系统影响力——决策阶段子系统对体育社会组织选择阶段子系统影响力——变化2——体育社会组织选择阶段子系统影响力——总体影响——绩效——与期望绩效的差距——战略管理——控制率1——变化1——决策阶段子系统影响力

(4) 决策阶段子系统影响力——决策阶段子系统对体育社会组织阶段子系统的影响力——变化2——体育社会组织选择阶段子系统影响力——总体影响——绩效——与期望绩效的差距——关系管理——控制率1——变化1——决策阶段子系统影响力

(5) 决策阶段子系统影响力——决策阶段子系统对体育社会组织选择阶段子系统影响力——变化2——体育社会组织选择阶段子系统影响力——体育社会组织选择阶段子系统影响力对合作管理阶段子系统的影响——变化3——合作管理阶段子系统影响力——总体影响——绩效——绩效与期望绩效的差距——战略管理——控制率1——变化1——决策阶段子系统影响力

(6) 决策阶段子系统影响力——决策阶段子系统对体育社会组织选择阶段子系统的影响力——变化2——体育社会组织选择阶段子系统影响力——体育社会组织选择阶段子系统对合作管理子系统的影响力——变化3——合作管理阶段子系统的影响力——总体影响力——绩效——绩效与期望绩效的差距——关系管理——控制率1——影响变化1——决策阶段子系统影响力

二、体育社会组织选择阶段子系统影响力传导路径

体育社会组织选择阶段子系统影响力通过8个传导回路作用于系统总体,具体如下。

(1) 体育社会组织选择阶段子系统影响力——总体影响力——绩效——与期望绩效的差距——战略管理——控制率2——变化2——体育社会组织选择阶段子系统影响力

(2) 体育社会组织选择阶段子系统影响力——总体影响力——绩效——与

期望绩效的差距——关系管理——控制率2-——变化2——体育社会组织选择阶段子系统影响力

（3）体育社会组织选择阶段子系统影响力——总体影响力——绩效——与期望绩效的差距——战略管理——控制率1——影响变化1——决策阶段子系统影响——决策阶段子系统对体育社会组织选择阶段子系统的影响力——变化2——体育社会组织选择阶段子系统影响力

（4）体育社会组织选择阶段子系统影响力——总体影响力——绩效——与期望绩效的差距——关系管理——控制率1——变化1——决策阶段子系统影响力——决策阶段子系统对体育社会组织选择阶段子系统的影响力——变化2——体育社会组织选择阶段子系统影响力

（5）体育社会组织选择阶段子系统影响力——体育社会组织选择阶段子系统对合作管理阶段子系统的影响力——变化3——合作管理阶段子系统的影响力——总体影响力——绩效——与期望绩效的差距——战略管理——控制率2——变化2——体育社会组织选择阶段子系统影响力

（6）体育社会组织选择阶段子系统影响力——体育社会组织选择阶段子系统对合作管理阶段子系统的影响力——变化3——合作管理阶段子系统的影响力——总体影响力——绩效——与期望绩效的差距——关系管理——控制率2——变化2——体育社会组织选择阶段子系统影响力

（7）体育社会组织选择阶段子系统影响力——体育社会组织选择阶段子系统对合作管理阶段子系统的影响力——变化3——合作管理阶段子系统的影响力——总体影响力——绩效——与期望绩效的差距——战略管理——控制率1——变化1——决策阶段子系统影响力——决策阶段子系统对体育社会组织选择阶段子系统的影响力——变化2——体育社会组织选择阶段子系统影响力

（8）体育社会组织选择阶段子系统影响力——体育社会组织选择阶段子系统对合作管理阶段子系统的影响力——变化3——合作管理阶段子系统的影响力——总体影响力——绩效——与期望绩效的差距——关系管理——控制率1——变化1——决策阶段子系统影响力——决策阶段子系统对体育社会组织选择阶段子系统的影响力——变化2——体育社会组织选择阶段子系统影响力

三、合作管理阶段子系统的影响力传导路径

合作管理阶段子系统的影响力通过8个传导回路作用于总体影响力，具体

如下。

（1）合作管理阶段子系统影响力——总体影响力——绩效——与期望绩效的差距——质量管理——控制率3——变化3——合作管理阶段子系统影响力

（2）合作管理阶段子系统影响力——总体影响力——绩效——与期望绩效的差距——流程管理——控制率3——变化3——合作管理阶段子系统影响力

（3）合作管理阶段子系统影响力——总体影响力——绩效——与期望绩效的差距——合同管理——控制率3——变化3——合作管理阶段子系统影响力

（4）合作管理阶段子系统影响力——总体影响力——绩效——与期望绩效的差距——关系管理——控制率3——变化3——合作管理阶段子系统影响力

（5）合作管理阶段子系统影响力——总体影响力——绩效——与期望绩效的差距——战略管理——控制率2——变化2——体育社会组织选择阶段子系统影响力——体育社会组织选择阶段子系统对合作管理阶段子系统的影响力——变化3——合作管理阶段子系统影响力

（6）合作管理阶段子系统影响力——总体影响力——绩效——与期望绩效的差距——关系管理——控制率2——变化2——体育社会组织选择阶段子系统影响力——体育社会组织选择阶段子系统影响力对合作管理子系统影响力的影响——变化3——合作管理阶段子系统影响力

（7）合作管理阶段子系统影响力——总体影响力——绩效——与期望绩效的差距——战略管理——控制率1——变化1——决策阶段子系统影响力——决策阶段子系统对体育组织选择阶段子系统的影响力——变化2——体育社会组织选择阶段子系统影响力——体育社会组织选择阶段子系统对合作管理阶段子系统影响力——变化3——合作管理阶段子系统影响力

（8）合作管理阶段子系统影响力——总体影响力——绩效——与期望绩效的差距——关系管理——控制率1——变化1——决策阶段子系统影响力——决策阶段子系统对体育社会组织选择阶段子系统的影响力——变化2——体育社会组织选择阶段子系统影响力——体育社会组织阶段子系统对合作管理阶段子系统的影响力——变化3——合作管理阶段子系统影响力

第六章

政府向体育社会组织购买公共体育服务影响因素评价

第一节 政府向体育社会组织购买公共体育服务影响因素评价方法

一、层次分析法

层次分析法（AHP）是美国运筹学家萨蒂教授提出来的，将与决策总是有关的元素分解成目标、准则、方案等层次，从而进行定性和定量分析的决策方法。

层次分析法的优点表现在以下几个方面：第一，思路清晰。层次分析法通过模型化和数量化使研究问题思路清晰。第二，数据的要求不高。只要研究问题的因素具体，且因素之间的关系明确，层次分析法可以将定性的问题定量化处理。第三，适合复杂性问题的研究。层次分析法具有较强的逻辑性和系统性，非常适用于具有多准则和多层次的复杂问题的研究，根据研究结果进行决策分析。查阅公共管理、影响因素管理和经济管理的文献发现，层析分析法被广泛运用于上述领域的研究，并得到学界的认可。Saaty（1996）通过研究，提出并阐释了层次分析法的层次分解原则、比较判断原则和次序合成原则，认为层次分解原则是通过层层分解的方法将复杂的问题分解成基本单元，形成目标层、准则层和操作层明确清晰的层次结构；比较判断原则将同一层级的要素进行两两比较，通过统计学的方法和原理计算出该层次各要素相对于上一层次要素的权重；次序合成原则是在计算出每一层次各因素的权重后，通过合成过程的迭代程序，确定每一层每个要素对目标层的优先权重。[1]

---

[1] Saaty, T. L. The analytic network process [M]. Pittsburgh：RW Publication, 1996.

层次分析法的适应性表现在以下几个方面：第一，将影响因素分为系统化和数理化，增强影响因素权重衡量的精确性。第二，采用定性和定量相结合的方法，充分地发挥专家的经验，使政府向体育社会组织购买公共体育服务的影响因素评价结果更加合理，更加权威。第三，符合政府向体育社会组织购买公共体育服务这一系统的特征。政府向体育社会组织购买公共体育服务的影响因素评价是一个复杂系统，影响因素的来源由众多致因因子决定，各个影响因素对购买公共体育服务的总体的影响程度各不相同，导致在总影响因素中所占的权重不同。

因此，本书采用层次分析法确定政府向体育社会组织购买公共体育服务影响因素评价指标体系中的各级指标权重。

二、模糊综合评价法

（一）模糊综合评价法简介

模糊综合评价法（FCE）的特点如下：第一，相互比较。首先设定最优的评价因素的值为1，以最优评价因素为基准，比较较次评价因素的欠优程度，确定较次评价因素的评价值。第二，建立函数关系。依据评价因素的特征，确定评价因素与评价值的隶属度函数。本书采用德菲尔法，根据专家的经验直接给出评价值。

模糊综合评价法的优点如下：第一，把模糊数据通过科学方法做量化评价。模糊综合评价通过精确的量化评价方法处理模糊的评价对象，能挖掘蕴藏信息，对模糊性的资料作出较为科学合理的量化评价。第二，评价结果信息量大。评价结果不是一个点值，而是一个矢量，包含丰富的信息，能够较为准确地描述被评价对象。第三，适用于对多层次多类指标评价，避免凭经验选择带来的主观性，克服传统评价方法的缺点。第四，普遍用于解决社会科学领域的不确定性问题。模糊评价法方法简单，科学易懂，被用于解决社会科学领域，公共管理科学领域等传统的认为不适合进行定量的学科领域，已有的相关研究也证实了它在相关领域研究的适用性和科学性。

因此，模糊综合评价法能够有效地解决政府向体育社会组织购买公共体育服务多影响因素，多层次指标的影响因素评价问题。

(二) 模糊综合评价法的具体步骤

1. 确定评价对象的因素集

设 A = {A₁, A₂, …, Aₘ} 为描述被评价对象的 m 种评价指标,其中 m 是评价指标的个数,由具体的指标体系所决定。

2. 确定评价对象的评语集

设 V = {V₁, V₂, …, Vₙ},是评价者对被评价对象作出的评价等级集合,其中 v_j 代表第 j 个评价结果,j=1, 2, …, n。n 为总的评价结果数,一般划分为 3~7 个等级。本书按照影响因素大小分为 7 个等级,即影响因素很小(<1.5)、影响因素小(1.5~2.5)、影响因素较小(2.5~3.5)、影响因素一般(3.5~4.5)、影响因素较大(4.5~5.5)、影响因素大(5.5~6.5)、影响因素很大(>6.5)。

3. 确定评价因素的权重向量

权重是以某种数量形式对比、权衡被评价对象的各指标相对重要程度的量值。本书 W₁、W₂、W₃ 分别表示决策阶段影响因素、体育社会组织选择阶段影响因素、合作管理阶段影响因素对政府向体育社会组织购买公共体育服务影响因素的相对权重,其中 W₁、W₂、W₃ 都大于 0,且 W₁+W₂+W₃ = 1;W_{in} 表示第 n 个二级影响因素指标的相对权重,W_{inm} 表示第 m 个三级影响因素指标的相对权重,即 W = (W₁, W₂, …, Wᵢ), Wᵢ = (W_{i1}, W_{i2}, …, W_{in}), W_{in} = (W_{in1}, W_{in2}, …, W_{inm})。其中必须满足条件 $W_i \geq 0$;且 $W_{in} \geq 0$;且 $W_{inm} \geq 0$,且 $\sum_{i=1}^{n} W_i = 1$;$W_{in} \geq 0$,且 $\sum_{n=1}^{n} W_{in} = 1$;$W_{inm} \geq 0$,且 $\sum_{m=1}^{n} W_{inm} = 1$。

本书采用层次分析法确定影响因素的相对权重。

4. 进行单因素模糊评价,确立模糊关系矩阵 R

单因素模糊评价是从单个因素出发,确定评价对象对评价集合 V 的隶属程度。确定了等级模糊子集后,需要按照公式(1)和公式(2)确定从单因素来看被评价对象对各等级模糊子集的隶属度,建立模糊关系矩阵。

$$r_{ij} = \begin{cases} 1, & (i = j) \\ 1 - c \sum |x_{ik} - x_{jk}|, & (i \neq j) \end{cases} \quad (1)$$

$$r_i = (r_{i1}, r_{i2}, \cdots, r_{in}) \quad (2)$$

在确定隶属关系时，三级指标由政府部门相关工作人员和体育社会组织的管理人员依据评判等级对评价对象进行打分，然后按公式（3）统计打分结果。根据三级指标的隶属度，结合公式（4）求出二级指标的隶属度。

$$R_{in} = \begin{Bmatrix} r_{11} & r_{12} & \cdots & r_{1j} \\ r_{21} & r_{22} & \cdots & r_{2j} \\ \vdots & \vdots & \vdots & \vdots \\ r_{m1} & r_{m2} & \cdots & r_{mj} \end{Bmatrix}, \text{且} \sum_{j=1}^{n} r_{mj} = 1 \quad (3)$$

$$T_{in} = W_{in}R_{in} = (W_{in1}, W_{in2}, \cdots, W_{inm}) \cdot \begin{Bmatrix} r_{11} & r_{12} & \cdots & r_{1j} \\ r_{21} & r_{22} & \cdots & r_{2j} \\ \vdots & \vdots & \vdots & \vdots \\ r_{m1} & r_{m2} & \cdots & r_{mj} \end{Bmatrix} \quad (4)$$

同理，可以求出一级指标的隶属度。

5. 对模糊综合评价结果进行分析

确定了隶属度水平后，就要计算每个评价指标的综合分值，并按大小排序，确定影响因素指标的结果等级。

第二节 政府向体育社会组织购买公共体育服务影响因素评价指标权重

一、政府向体育社会组织购买公共体育服务影响因素评价指标体系构建

运用层次分析法，首先要明确研究问题和研究范围，确定影响因素之间的层次关系和隶属关系，构建系统层次结构。

在政府向体育社会组织购买公共体育服务的影响因素层次分析中，设政府向体育社会组织购买公共体育服务的总体影响为 A，政府向体育社会组织购买公共体育服务的影响因素评价体系的一级指标为 $A = \{A_1, A_2, \cdots, A_i\}$，二级指标为 $A_i = \{A_{i1}, A_{i2}, \cdots, A_{in}\}$，三级指标为 $A_{inm} = \{A_{in1}, A_{in2}, \cdots, A_{inm}\}$，一级、二级、三级指标构成了政府向体育社会组织购买公共体育服务影响因素评价指标体系，具体见表6-1。

表 6-1　政府向体育社会组织购买公共体育服务影响因素评价指标体系指标集一览表

目标层	一级指标	二级指标	三级指标
政府向体育社会组织购买公共体育服务	决策阶段	需求评估（A_{11}）	公众需求的表达机制不畅（A_{111}）
			缺乏有效的信息收集渠道（A_{112}）
			需求信息筛选失误（A_{113}）
		经费预算（A_{12}）	未考虑隐性成本（A_{121}）
			盲目压缩成本（A_{122}）
			宏观经济环境不确定性（A_{123}）
			政府投入资金不足（A_{124}）
		购买决策（A_{13}）	购买内容确定不当（A_{131}）
			购买方式选择不对（A_{132}）
	体育社会组织选择阶段（A_2）	信息不对称（A_{21}）	隐藏信息（A_{211}）
			扭曲信息（A_{212}）
			信息传递渠道不畅通（A_{213}）
			信息沟通方式不当（A_{214}）
		垄断（A_{22}）	体育社会组织服务有限（A_{221}）
			政府倾向（A_{222}）
			购买内部化（A_{223}）
		腐败（A_{23}）	合谋（A_{231}）
			寻租（A_{232}）
			设租（A_{233}）
		逆向选择（A_{24}）	体育社会组织的资金不足（A_{241}）
			体育社会组织的人力资源不足（A_{242}）
			体育社会组织的服务能力不足（A_{243}）
	合作管理阶段（A_3）	资金管理（A_{31}）	成本追加（A_{311}）
			资金管理不规范（A_{312}）
			资金支付方式不当（A_{313}）
		主体协调（A_{32}）	参与主体购买动机差异（A_{321}）
			参与主体之间的不信任（A_{322}）

续表

目标层	一级指标	二级指标	三级指标
政府向体育社会组织购买公共体育服务	合作管理阶段（A_3）		沟通渠道不畅通（A_{323}）
			政府部门协调的复杂性（A_{324}）
		道德失范（A_{33}）	政府及相关部门的工作人员责任模糊（A_{331}）
			体育社会组织的自利性（A_{332}）
			社会公众的自利性（A_{333}）
		合同订立（A_{34}）	合同条款不完善（A_{341}）
			合同条款不灵活（A_{342}）
			合同标价不合理（A_{343}）
		监督（A_{35}）	监督能力不足（A_{351}）
			监督主体作用发挥不充分（A_{352}）
			监管职权分散（A_{353}）
		项目管理（A_{36}）	管理能力不足（A_{361}）
			体育社会组织的综合服务能力下降（A_{362}）
			管理模式不当（A_{363}）
		评估（A_{37}）	评估主体缺失（A_{371}）
			评估指标体系不完善（A_{372}）
			评估程序不合理（A_{373}）
			评估制度环境不健全（A_{374}）
			评估对象不全面（A_{375}）

二、政府向体育社会组织购买公共体育服务影响因素判断矩阵的构建

层次分析法的关键步骤是建立同一层次各要素的判断矩阵，通过比较同一层次各要素的相对优越程度确定各要素的相对权重。本书采用 Bipola 1-9 标度方法，对不同情况的评比给出数量标度。

判断矩阵的特征如下：

(1) $b_{ii} = 1$

(2) $b_{ji} = 1/b_{ij}$，$b_{ij} = b_{ik}/b_{jk}(i, j, k = 1, 2, \cdots, n)$

然后，利用和积法计算各层次影响因素指标权重。其具体的计算步骤如下。

（1）按公式（5）将判断矩阵的每一列元素作归一化处理，其元素的一般项为：

$$b_{ij} = \frac{b_{ij}}{\sum b_{ij}} (i, j = 1, 2, \cdots, n) \tag{5}$$

（2）按公式（6）将每一列经归一化处理后的判断矩阵按行相加为：

$$w_i = \sum_{j=1}^{n} b_{ij} (i, j = 1, 2, \cdots, n) \tag{6}$$

（3）按公式（7）对向量 W = (W$_1$，W$_2$，…，W^n)^{T}归一化处理，得到所求的特征向量的近似值，即为指标的权重。

$$w_i = \frac{w_i}{\sum_{j=1}^{n} w_j} (i = 1, 2, \cdots, n) \tag{7}$$

以二级指标的"资金管理"为例，进行相对权重计算，其判断矩阵为3×3方阵，根据《政府向体育社会组织购买公共体育服务影响因素权重问卷调查表》专家的打分，取分值的众数确定"资金管理"下属三级指标的分值。当专家们认为"成本追加"比"资金管理不规范"稍微重要，根据Satty的1-9数量标度表，其对应的标度为3，那么"资金管理不规范"比"成本追加"对应的标度为3的倒数，即1/3。专家们认为"成本追加"比"资金支付方式不当"介于明显重要与显得更重要之间，根据Satty的1-9数量标度表，其对应的标度为6，那么"资金支付方式不当"比"成本追加"对应的标度为6的倒数，即1/6；专家们认为"资金管理不规范"比"资金支付方式不当"介于稍微重要与明显重要之间，根据Satty的1-9数量标度表，其对应的标度为4，那么"资金支付方式不当"比"资金管理不规范"对应的标度为4的倒数，即1/4。根据上述数据，建立了资金管理下属三级指标的判断矩阵，见表6-2。

表6-2 "资金管理"指标下属三级影响因素指标的判断矩阵

资金管理	成本追加	资金管理不规范	资金支付方式不当
成本追加	1	3	6
资金管理不规范	1/3	1	4

续表

资金管理	成本追加	资金管理不规范	资金支付方式不当
资金支付方式不当	1/6	1/4	1

三、政府向体育社会组织购买公共体育服务影响因素各级指标相对权重计算

利用 excel 根据公式（5）得到新的矩阵，见表 6-3。

表 6-3　"资金管理"指标下属三级影响因素指标归一化判断矩阵

资金管理	成本追加	资金管理不规范	资金支付方式不当
成本追加	0.666666667	0.705882353	0.545454545
资金管理不规范	0.222222222	0.235294118	0.363636364
资金支付方式不当	0.117647059	0.058823529	0.090909091

根据公式（6）和公式（7），求得资金管理指标 W_i 下属三级影响因素指标的四舍五入后的值分别为：成本追加 $W_{311}=0.6393$，资金管理不规范 $W_{312}=0.2737$，资金支付方式不当 $W_{313}=0.0891$。

根据以上方法和步骤，可以计算出政府向体育社会组织购买公共体育服务影响因素评价指标体系中各个判矩阵指标的相对权重。具体情况见表 6-4。

表 6-4　政府向体育社会组织购买公共体育服务影响因素评价指标指标相对权重一览表

目标层	一级指标	二级指标	三级指标
	决策阶段（0.0964）	需求评估（0.4713）	公众需求的表达机制不畅（0.6080）
			缺乏有效的信息收集渠道（0.2721）
			需求信息筛选失误（0.1199）
		经费预算（0.2096）	未考虑隐性成本（0.258）
			盲目压缩成本（0.1331）
			宏观经济环境不确定性（0.0824）
			政府投入的资金不足（0.4994）

续表

目标层	一级指标	二级指标	三级指标
政府购买公共体育服务		购买决策（0.3201）	购买内容确定不当（0.5103）
			购买方式选择不对（0.4897）
	体育社会组织选择阶段（0.6194）	信息不对称（0.6595）	隐藏信息（0.5436）
			扭曲信息（0.2649）
			信息传递渠道不畅通（0.0765）
			信息沟通方式不当（0.1150）
		垄断（0.1847）	体育社会组织服务有限（0.5889）
			政府倾向（0.2519）
			购买内部化（0.1532）
		腐败（0.0593）	合谋（0.5390）
			寻租（0.2973）
			设租（0.1638）
		逆向选择（0.0965）	体育社会组织的资金不足（0.6768）
			体育社会组织的人力资源不足（0.1925）
			体育社会组织的服务能力不足（0.1209）
	合作管理阶段（0.2842）	资金管理（0.3848）	成本追加（0.6393）
			资金管理不规范（0.2737）
			资金支付方式不当（0.0891）
		主体协调（0.1904）	参与主体购买动机差异（0.5422）
			参与主体之间的不信任（0.2883）
			沟通渠道不畅通（0.0707）
			政府部门协调的复杂性（0.0988）
		道德失范（0.1439）	政府及相关部门的工作人员责任模糊（0.7071）
			体育社会组织的自利性（0.2014）
			社会公众的自利性（0.0879）
		合同订立（0.1163）	合同条款不完善（0.6196）
			合同条款不灵活（0.2243）
			合同标价不合理（0.1465）

续表

目标层	一级指标	二级指标	三级指标
		监督（0.0547）	监督能力不足（0.6333）
			监督主体作用发挥不充分（0.2605）
			监督职权分散（0.1062）
		项目管理（0.0366）	管理能力不足（0.6768）
			体育社会组织的综合服务能力下降（0.1925）
			管理模式不当（0.1209）
		评估（0.0733）	评估主体缺失（0.4175）
			评估指标体系不完善（0.2749）
			评估程序不合理（0.1667）
			评估制度环境不健全（0.0808）
			评估对象不全面（0.0601）

资料来源：《政府向体育社会组织购买公共体育服务影响因素权重问卷调查表》调查结果的统计分析和整理（n=15）。

四、政府向体育社会组织购买公共体育服务影响因素判断矩阵的一致性检验

为了检验判断矩阵的有效性，需要对判断矩阵进行一致性检验，其具体步骤如下。

（1）按照公式（8）计算判断矩阵最大特征根 λ_{max}。

$$\lambda_{max} = \sum_{i=1}^{n} \frac{(BW)_i}{nw_i} \tag{8}$$

（2）按照公式（9）计算判断矩阵一致性指标 C.I.。

$$CI = \frac{\lambda_{max} - n}{n - 1} \tag{9}$$

用一致性指标 C.I. 的值来判断矩阵偏离完全一致性的程度，一致性指标 C.I. 的值和矩阵偏离完全一致性的程度成正相关，即一致性指标 C.I. 的值越大，判断矩阵偏离完全一致性的程度越大；C.I. 的值越小，表明判断矩阵越接近于完全一致性。通常情况下，一致性指标 C.I. 的值的大小又与判断矩阵的阶数

n 成正相关关系，判断矩阵的阶数 n 越大，人为造成的偏离越大；判断矩阵的阶数 n 越小。表示人为造成的偏离越小；因此，对于 n> 或 n=3 的多阶判断矩阵，需要通过平均随机一致性指标 R.I.，确定随机一致性比率 C.R.。

（3）按照表 6-5 确定平均随机一致性指标 R.I.。

表 6-5　平均随机一致性指标取值参考表

阶数	1	2	3	4	5	6	7	8	9	10
R.I.	0	0	0.58	0.9	1.12	1.24	1.32	1.41	1.45	1.49

（4）确定随机一致性比率 C.R.。

随机一致性比率 C.R. 是判断矩阵一致性指标 C.I. 与同阶平均随机一致性指标 R.I 的比率。当 n<3 时，判断矩阵永远具有完全一致性，当 n> 或 n=3，就需要按照公式（10）对随机一致性比率 C.R. 进行计算。

$$CR = \frac{CI}{RI} \tag{10}$$

当 C.R.<0.10 时，判断矩阵具有可以接受的一致性；当 C.R.≥0.10 时，需要调整和修正判断矩阵。

政府向体育社会组织购买公共体育服务影响因素评价指标体系中，购买决策影响因素的指标 n=2，当 n<3 时，判断矩阵永远具有完全一致性，因此不需要进行影响因素判断矩阵的一致性检验，其他指标的阶数 n>3 或 n=3，因此，需要进行影响因素判断矩阵的一致性检验。以"资金管理"的判断矩阵为例进行一致性检验，根据公式（8）计算最大特征根 λmax=3.0551，根据公式（9）计算资金影响因素矩阵一致性指标 C.I.=0.0275，该矩阵的阶数 n=3，根据平均随机一致性指标取值参考表，n=3 的平均随机一致性指标 R.I.=0.58，因此可以计算"资金管理"判断矩阵的一致性比率 C.R.=0.0475<0.1。当一致性比率 C.R.<0.1，矩阵通过一致性检验。根据上述步骤和方法，可计算出各判断矩阵是否通过一致性检验，检验结果如表 6-6 所示。

表6-6 本研究影响因素评价指标判断矩阵一致性检验结果

判断矩阵名称	最大特征根（λmax）	判断矩阵的阶数（n）	一致性检验指标（C.I.）	随机一致性指标（R.I.）	一致性比率（C.R.）	是否通过一致性检验
决策阶段	3.0672	3	0.0336<0.1	0.58	0.0580<0.1	是
体育社会组织选择阶段	4.2406	4	0.0802<0.1	0.9	0.0891<0.1	是
合作管理阶段	7.4347	7	0.0725<0.1	1.32	0.0549<0.1	是
需求评估	3.0741	3	0.0371<0.1	0.58	0.0639<0.1	是
经费预算	3.0775	4	0.0387<0.1	0.9	0.0668<0.1	是
信息不对称	4.1117	4	0.0372<0.1	0.9	0.0414<0.1	是
垄断	3.0543	3	0.0271<0.1	0.58	0.0468<0.1	是
腐败	3.0092	3	0.0046<0.1	0.58	0.0079<0.1	是
逆向选择	3.0972	3	0.0486<0.1	0.58	0.0838<0.1	是
资金管理	3.0551	3	0.0275<0.1	0.58	0.0475<0.1	是
主体协调	4.1619	4	0.0583<0.1	0.9	0.0537<0.1	是
道德失范	3.0953	3	0.0477<0.1	0.58	0.0822<0.1	是
合同订立	3.1099	3	0.0549<0.1	0.58	0.0947<0.1	是
评估	5.2442	5	0.0610<0.1	1.12	0.0545<0.1	是
监督	3.0387	3	0.0194<0.1	0.58	0.0334<0.1	是
项目管理	3.0972	3	0.0486<0.1	0.58	0.0838<0.1	是

资料来源：研究组《政府向体育社会组织购买公共体育服务影响因素问卷调查表》调查结果的统计分析和整理。

五、政府向体育社会组织购买公共体育服务影响因素评价指标合成权重计算结果

根据公式（11）可以计算影响因素指标中的某一影响因素条目 A_{inm} 对目标层的合成权重：

$$w(A_{ine}) = \left[\sum_{e=1}^{n} w_e \left(\sum_{f=1}^{m_e} w_{ef}\right)\right] (e = 1, 2, 3, \cdots, n; f = 1, 2, 3, \cdots, n)$$

（11）

其中 n 为一级影响因素指标 A_i 的因素个数，m_e 为次准则层 A_{ine} 中第 f 个因素下的子因素的个数。通过上述方法，研究组计算出了政府向体育社会组织购买公共体育服务各级指标的合成权重值，详见表 6-7、表 6-8、表 6-9。

表 6-7　本研究一级影响因素评价指标合成权重值

一级指标名称	一级指标合成权重
决策阶段	0.0964
体育社会组织选择阶段	0.6194
合作管理阶段	0.2842

表 6-8　本研究二级影响因素评价指标合成权重值

二级指标名称	二级指标合成权重	二级指标名称	二级指标合成权重
需求评估	0.0454	资金管理	0.1094
经费预算	0.0202	主体协调	0.0541
购买决策	0.0308	道德失范	0.0408
信息不对称	0.4085	合同订立	0.033
垄断	0.1144	评估	0.0208
腐败	0.0367	监督	0.0155
逆向选择	0.06	项目管理	0.0104

表 6-9　本研究三级影响因素评价指标合成权重值

三级指标名称	三级指标合成权重	三级指标名称	三级指标合成权重
公众需求的表达机制不畅	0.0276	资金管理不规范	0.0299
缺乏有效的信息收集渠道	0.0124	资金支付方式不当	0.0097
需求信息筛选失误	0.0054	参与主体购买动机差异	0.0293
政府资金投入不足	0.0101	参与主体之间的不信任	0.0156
未考虑隐性成本	0.0052	沟通渠道不畅通	0.0038
盲目压缩成本	0.0027	政府部门协调的复杂性	0.0053
宏观经济环境不确定性	0.0017	政府及相关部门的工作人员责任模糊	0.0288

续表

三级指标名称	三级指标合成权重	三级指标名称	三级指标合成权重
购买内容确定不当	0.0157	体育社会组织的自利性	0.0082
购买方式选择不对	0.0151	社会公众的自利性	0.0036
隐藏信息	0.2221	合同条款不完善	0.0204
扭曲信息	0.1082	合同条款不灵活	0.0074
信息传递渠道不畅通	0.0313	合同标价不合理	0.0048
信息沟通方式不当	0.047	评估主体缺失	0.0087
体育社会组织服务有限	0.0674	评估指标体系不完善	0.0057
政府倾向	0.0288	评估程序不合理	0.0035
购买内部化	0.0175	评估制度环境不健全	0.0017
合谋	0.0198	评估对象不全面	0.0013
寻租	0.0109	监督能力不足	0.0098
设租	0.006	监督主体作用发挥不充分	0.004
体育社会组织的资金不足	0.0406	监管职权分散	0.0016
体育社会组织的人力资源不足	0.0116	管理能力不足	0.007
体育社会组织的服务能力不足	0.0073	体育社会组织的综合服务能力下降	0.002
成本追加	0.0699	管理模式不当	0.0013

通过表6-8可以看出：影响因素权重最大的前五个指标分别是信息不对称、垄断和资金管理、逆向选择和主体协调，项目管理和监督权重较小；通过表6-9可以看出：致因因子权重最大的前五个指标是隐藏信息、扭曲信息、成本追加、体育社会组织服务有限和信息沟通方式不当，主要集中在体育社会组织选择阶段；评估制度环境不健全、管理模式不当、评估对象不全面、监管职权分散和宏观经济环境不确定性权重较小。

第三节 政府向体育社会组织购买公共体育服务影响因素评价指标隶属度

一、三级指标隶属度确定

利用公式（12）计算政府向体育社会组织购买公共体育服务影响因素评价指标体系中三级指标的隶属度。

$$Rij = m/n \qquad (12)$$

其中，Rij 是第 i 个三级评价指标对应第 j 个评价等级的隶属度；m 是第 i 个三级评价指标对应第 j 个评价等级出现的频数；n 是受调查的总人数。

以"公众需求的表达机制不畅"为例，调查的 210 人中，认为影响因素很小的人数为 0 人、影响因素小的人数为 0 人、影响因素较小的人数为 14 人、影响因素一般的人数为 56 人、影响因素较大的人数为 77 人、影响因素大的人数为 63 人、影响因素很大的人数为 0 人，则"公众需求的表达机制不畅"的隶属度为：

$$R = (0\ 0\ 0.0667\ 0.2667\ 0.3667\ 0.30000)$$

根据以上方法计算出政府向体育社会组织购买公共体育服务影响因素评价指标体系中三级指标的隶属度，具体见表 6-10。

表 6-10 本研究三级评价指标相对权重及隶属度水平一览表

三级评价指标	指标权重	很小	小	较小	一般	较大	大	很大
公众需求的表达机制不畅	0.6080	0.0000	0.0000	0.0667	0.2667	0.3667	0.3000	0.0000
缺乏有效的信息收集渠道	0.2721	0.0000	0.0000	0.1667	0.1667	0.4667	0.2000	0.0000
需求信息筛选失误	0.1199	0.0000	0.0000	0.1000	0.4667	0.2667	0.1667	0.0000
政府资金投入不足	0.4994	0.0000	0.0000	0.0667	0.6333	0.1667	0.1333	0.0000
未考虑隐性成本	0.2850	0.0000	0.0000	0.1000	0.2333	0.4000	0.2667	0.0000

续表

三级评价指标	指标权重	隶属度水平						
		很小	小	较小	一般	较大	大	很大
盲目压缩成本	0.1331	0.0333	0.0667	0.0667	0.5000	0.2000	0.1333	0.0000
宏观经济环境不确定性	0.0824	0.1333	0.2333	0.4333	0.0667	0.1000	0.0333	0.0000
购买内容确定不当	0.5103	0.0000	0.0667	0.0667	0.1333	0.4667	0.2666	0.0000
购买方式选择不对	0.4897	0.0000	0.0000	0.1333	0.1667	0.4667	0.2333	0.0000
隐藏信息	0.5436	0.0000	0.0000	0.1000	0.1333	0.2667	0.5000	0.0000
扭曲信息	0.2649	0.0000	0.0000	0.0667	0.0333	0.0667	0.7333	0.1000
信息传递渠道不畅通	0.0765	0.0000	0.0000	0.1667	0.2000	0.2667	0.3667	0.0000
信息沟通方式不当	0.1150	0.0000	0.0667	0.1667	0.5333	0.1333	0.1000	0.0000
体育社会组织服务有限	0.5889	0.0000	0.0000	0.1333	0.1667	0.1000	0.1667	0.4333
政府倾向	0.2519	0.0000	0.0000	0.1000	0.0667	0.1333	0.2000	0.5000
购买内部化	0.1532	0.0000	0.0000	0.0000	0.1000	0.1667	0.0667	0.6667
合谋	0.5390	0.0000	0.1000	0.2667	0.3000	0.2333	0.1000	0.0000
寻租	0.2973	0.0000	0.2333	0.3000	0.1667	0.1333	0.1667	0.0000
设租	0.1638	0.0000	0.1333	0.1667	0.3333	0.2333	0.1333	0.0000
体育社会组织的资金不足	0.6768	0.0000	0.0000	0.0667	0.1333	0.2000	0.5333	0.0667
体育社会组织的人力资源不足	0.1925	0.0000	0.0000	0.0333	0.1333	0.2667	0.4333	0.1333
体育社会组织的服务能力不足	0.1209	0.0000	0.0000	0.1333	0.4667	0.1667	0.2333	0.0000

续表

三级评价指标	指标权重	隶属度水平						
		很小	小	较小	一般	较大	大	很大
成本追加	0.6393	0.0000	0.0000	0.0667	0.1667	0.1000	0.5667	0.1000
资金管理不规范	0.2737	0.0000	0.0000	0.0333	0.1333	0.1667	0.6000	0.0667
资金支付方式不当	0.0891	0.0000	0.2333	0.5000	0.1667	0.1000	0.0000	0.0000
参与主体购买动机差异	0.5422	0.0000	0.0000	0.1667	0.1000	0.4667	0.2667	0.0000
参与主体之间的不信任	0.2883	0.0000	0.0000	0.4333	0.2000	0.3000	0.0667	0.0000
沟通渠道不畅通	0.0707	0.0000	0.1667	0.4000	0.2667	0.1667	0.0000	0.0000
政府部门协调的复杂性	0.0988	0.0000	0.0000	0.1000	0.0667	0.2000	0.5667	0.0667
政府及相关部门的工作人员责任模糊	0.7071	0.0000	0.0000	0.2000	0.3333	0.2333	0.2333	0.0000
体育社会组织自利性	0.2014	0.0000	0.0000	0.1667	0.6000	0.1000	0.1333	0.0000
社会公众自利性	0.0879	0.0000	0.0000	0.3000	0.3667	0.1667	0.1667	0.0000
合同条款不完善	0.6196	0.0000	0.0000	0.1667	0.2667	0.4333	0.1333	0.0000
合同条款不灵活	0.2243	0.0000	0.0000	0.2000	0.2333	0.3667	0.2000	0.0000
合同标价不合理	0.1465	0.0000	0.0000	0.1667	0.2667	0.4667	0.1000	0.0000
评估主体缺失	0.4175	0.0000	0.0000	0.1333	0.0667	0.4667	0.3333	0.0000
评估指标体系不完善	0.2749	0.0000	0.0000	0.0667	0.1667	0.5000	0.2667	0.0000
评估程序不合理	0.1667	0.0000	0.1667	0.1333	0.2000	0.3333	0.1667	0.0000

续表

三级评价指标	指标权重	隶属度水平						
		很小	小	较小	一般	较大	大	很大
评估制度环境不健全	0.0808	0.0000	0.1667	0.1667	0.3000	0.2000	0.1667	0.0000
评估对象不全面	0.0601	0.0000	0.2333	0.2000	0.2667	0.2000	0.1000	0.0000
监督能力不足	0.6333	0.0000	0.0000	0.0333	0.2000	0.1333	0.5667	0.0667
监督主体作用发挥不充分	0.2605	0.0000	0.0000	0.1000	0.0667	0.6667	0.1667	0.0000
监管职权分散	0.1062	0.0000	0.0000	0.1667	0.2333	0.4333	0.1667	0.0000
管理能力不足	0.6768	0.0000	0.0000	0.2000	0.4667	0.2000	0.1333	0.0000
体育社会组织的综合服务能力下降	0.1925	0.0000	0.0000	0.3000	0.4000	0.2000	0.1000	0.0000
管理模式不当	0.1209	0.0000	0.0000	0.2333	0.4667	0.2000	0.1000	0.0000

资料来源：《政府向体育社会组织购买公共体育服务影响因素重要性问卷调查表》调查结果的统计分析与整理，n=210。

二、二级指标隶属度确定

根据公式（13）和公式（14），结合政府向体育社会组织购买公共体育服务三级评价指标的相对权重和隶属度，可以计算出政府向体育社会组织购买公共体育服务二级评价指标隶属度。

$$设 A = (a_{ik})_{m \times s}, B = (b_{kj})_{s \times n}, 则 A \circ B = (c_{ij})_{m \times n} \quad (13)$$

$$c_{ij} = \vee \{(a_{ik} \wedge b_{kj}) | 1 \leqslant k \leqslant s\} \quad (14)$$

以政府向体育社会组织购买公共体育服务二级影响因素评价指标"需求评估"为例，其计算过程如下：二级影响因素评价指标"需求评估"对应的三级影响因素评价指标"公众需求的表达机制不畅""缺乏有效的信息收集渠道"、"需求信息筛选失误"对"需求评估"指标的相对权重为0.6080、0.2721、0.1199，组成的权重向量 W_{11} 为（0.6080、0.2721、0.1199），利用"需求评估"

指标下属的三级评价指标计算"需求评估"的隶属度水平的具体方法和步骤如下。

第一,建立"需求评估"下属三级影响因素指标的影响因素矩阵。

$$R = \begin{pmatrix} 0 & 0 & 0.0667 & 0.2667 & 0.3667 & 0.3000 & 0 \\ 0 & 0 & 0.1667 & 0.1667 & 0.4667 & 0.2000 & 0 \\ 0 & 0 & 0.1000 & 0.4667 & 0.2667 & 0.1667 & 0 \end{pmatrix}$$

第二,根据权重和"需求评估"下属三级指标的矩阵计算"需求评估"的隶属度。

$$T_{11} = (0.6080 \quad 0.2721 \quad 0.1199) \circ \begin{pmatrix} 0 & 0 & 0.0667 & 0.2667 & 0.3667 & 0.3000 & 0 \\ 0 & 0 & 0.1667 & 0.1667 & 0.4667 & 0.2000 & 0 \\ 0 & 0 & 0.1000 & 0.4667 & 0.2667 & 0.1667 & 0 \end{pmatrix}$$

采用取小再取大的方法对矩阵进行合成运算:

T11 = (0.6080∧0) ∨ (0.2721∧0) ∨ (0.1199∧0),
(0.6080∧0) ∨ (0.2721∧0) ∨ (0.1199∧0),
(0.6080∧0.0667) ∨ (0.2721∧0.1667) ∨ (0.1199∧0.10),
(0.6080∧0.2667) ∨ (0.2721∧0.1667) ∨ (0.1199∧0.4667),
(0.6080∧0.3667) ∨ (0.2721∧0.4667) ∨ (0.1199∧0.2667)
(0.6080∧0.3000) ∨ (0.2721∧0.2000) ∨ (0.1199∧0.1667)
(0.6080∧0) ∨ (0.2721∧0) ∨ (0.1199∧0)
= (0 0 0.1667 0.2667 0.3667 0.3 0)

进一步将结果归一化处理,得到二级影响因素评价指标"需求评估"的隶属度水平:

T11 = (0 0 0.1515 0.2424 0.3333 0.2727 0)

按照以上方法,完成政府向体育社会组织购买公共体育服务影响因素评价指标体系中所有二级指标隶属度水平的计算,具体计算结果见表 6-11。

表 6-11 本研究二级评价指标相对权重及隶属度水平一览表

二级指标	指标权重	隶属度水平						
		很小	小	较小	一般	较大	大	很大
需求评估	0.4713	0.0000	0.0000	0.1515	0.2424	0.3333	0.2727	0.0000

续表

二级指标	指标权重	隶属度水平						
		很小	小	较小	一般	较大	大	很大
经费预算	0.2096	0.0626	0.0626	0.0760	0.3795	0.2166	0.2067	0.0000
购买决策	0.3203	0.000	0.0625	0.125	0.1563	0.4375	0.2187	0.0000
信息不对称	0.6595	0.0000	0.0564	0.0973	0.1128	0.2257	0.4231	0.0846
垄断	0.1847	0.0000	0.0000	0.1227	0.1534	0.1410	0.1841	0.3988
腐败	0.0593	0.0000	0.1896	0.2416	0.2438	0.1896	0.1355	0.0000
逆向选择	0.0965	0.0000	0.0000	0.1091	0.1091	0.1804	0.4811	0.1203
资金管理	0.3848	0.0000	0.0756	0.0756	0.1415	0.1415	0.4809	0.0849
主体协调	0.1904	0.0000	0.0547	0.2231	0.1548	0.3611	0.2064	0.0000
道德失范	0.1439	0.0000	0.0000	0.2000	0.3333	0.2333	0.2333	0.0000
合同订立	0.1163	0.0000	0.0000	0.1818	0.2425	0.3939	0.1818	0.0000
评估	0.0733	0.0000	0.1369	0.1095	0.1369	0.3429	0.2738	0.0000
监督	0.0547	0.0000	0.0000	0.1335	0.1667	0.1721	0.4722	0.0556
项目管理	0.0366	0.0000	0.0000	0.2000	0.4667	0.2000	0.1333	0.0000

资料来源：课题组对《政府向体育社会组织购买公共体育服务影响因素重要性问卷调查表》调查结果的统计分析与整理（n=210）。

三、一级指标隶属度确定

根据 T_{in} 评价向量公式，结合二级指标的相对权重和隶属度水平可以计算一级指标的影响因素隶属度水平。具体计算结果见表6-12。

表6-12 本研究一级指标相对权重及隶属度水平一览表

一级指标	指标权重	隶属度水平						
		很小	小	较小	一般	较大	大	很大
决策阶段	0.0964	0.0556	0.0556	0.1347	0.2154	0.2962	0.2423	0.0000
体育社会组织选择阶段	0.6194	0.0000	0.0526	0.1087	0.1000	0.2000	0.3750	0.1637
合作管理阶段	0.2842	0.0000	0.0731	0.1391	0.1497	0.1841	0.3020	0.0821

资料来源：课题组对《政府向体育社会组织购买公共体育服务影响因素重要性问卷调查表》调查结果的统计分析与整理（n=210）。

第四节　政府向体育社会组织购买公共体育服务影响因素静态评价

结合层次分析法，用excel计算政府向体育社会组织购买公共体育服务各级指标的权重，在此基础上，结合模糊综合评价法计算出各个影响因素指标的模糊综合评价向量，确定政府向体育社会组织购买公共体育服务各级评价指标的最大隶属度和评价结果。

一、一级评价指标结果分析

对政府向体育社会组织购买公共体育服务一级评价指标结果（表6-13）分析，可以据此判断其主要影响因素发生在哪个阶段。从表6-13可以看出政府向体育社会组织购买公共体育服务一级评价指标，体育社会组织选择阶段影响因素对应的影响因素水平较大，决策阶段子系统、合作管理阶段子系统对应的影响因素水平一般。

表6-13　本研究一级评价指标评价结果一览表

一级指标	模糊综合评价得分	影响力评语
决策阶段	4.3673	一般
体育社会组织选择阶段	5.2272	较大
合作管理阶段	4.4695	一般

资料来源：课题组对《政府向体育社会组织购买公共体育服务影响因素重要性问卷调查表》调查结果的统计分析与整理，n=210。

二、二级评价指标结果分析

对政府向体育社会组织购买公共体育服务二级评价指标结果（表6-14）分析，可以得出政府向体育社会组织购买公共体育服务关键影响因素。垄断和逆向选择是影响力水平最高的两个影响因素，这充分反映了政府向体育社会组织购买公共体育服务的过程中，可以选择的体育社会组织数量有限的现实困境；其次是信息不对称、资金管理和监督三个影响因素，信息不对称主要反映了购买主体间的沟通和交流存在一定的问题,而资金管理因素反映了资金的管理方面存在漏洞,监督主要受监督能力不足和主体监督参与不足的影响,说明政府相关部门人力资源有限的条件下,对其他监督主体,如社会公众的监督作用发挥不足;经费预算、项目管理、腐败、道德失范和主体协调等影响结果为一般,说明现有的财政制度有效地预防了经费预算问题,而现有的行政管理制度有效地预防了管理问题、腐败、道德失范和主体协调等方面的问题。除二级指标影响因素水平相对集中在体育社会组织选择阶段,决策阶段和合作管理阶段对应的二级指标都较为分散。

表6-14 本研究二级评价指标评价结果一览表

二级指标	模糊综合评价得分	影响力评语
需求评估	4.7268	较大
经费预算	4.2321	一般
购买决策	4.7603	较大
信息不对称	5.1152	较大
垄断	5.5829	大
腐败	3.8402	一般
逆向选择	5.3944	较大
资金管理	5.1312	较大
主体协调	4.4418	一般
道德失范	4.4995	一般
合同订立	4.5757	较大
评估	4.9072	较大
监督	5.1502	较大
项目管理	4.2666	一般

资料来源:课题组对《政府向体育社会组织购买公共体育服务影响因素重要性问卷调查表》调查结果的统计分析与整理,n=210。

三、三级评价指标结果分析

对政府向体育社会组织购买公共体育服务三级评价指标结果(表6-15)分析,可以看出政府向体育社会组织购买公共体育服务各影响因素产生的原因。四类致因因子的影响水平明显较高：第一类，与政府对体育社会组织的行为相关的指标，政府倾向和购买内部化的影响因素水平最高，究其原因，主观上许多地方政府向体育社会组织购买公共体育服务还处于起步阶段，客观上受制度和政策的制约，因此，在实际操作过程中政府对制度和政策采取"选择性适应"现象，将要购买的服务交给与自己有依附关系的体育社会组织，甚至为政府购买而专门成立体育社会组织。第二类，与体育社会组织的发展水平有关的指标，体现在参与购买的体育社会组织服务有限、体育社会组织的资金不足、体育社会组织的人力资源不足等指标的影响水平都较高。第三类，与购买主体沟通和交流相关的指标，体现在政府部门协调的复杂性、隐藏信息和扭曲信息等指标的影响水平较高。第四类，与资金有关的指标，体现在未考虑隐性成本、资金管理不规范、成本追加等指标的水平较高。以上四类指标中，除与资金有关的指标以外，其他三类都与体育社会组织的选择有关。

表 6-15 本研究三级评价指标评价结果一览表

三级评价指标	模糊综合评价得分	评语
公众需求的表达机制不畅	4.9004	较大
缺乏有效的信息收集渠道	4.7004	较大
需求信息筛选失误	4.5005	较大
未考虑隐性成本	5.1667	较大
盲目压缩成本	4.1666	一般
宏观经济环境不确定性	2.8664	较小
政府资金投入不足	5.2665	较大
购买内容确定不当	4.8	较大
购买方法选择不对	3.3671	较小
隐藏信息	5.1667	较大
扭曲信息	5.7666	大
信息传递渠道不畅通	4.838	较大
信息沟通方式不当	4.0332	一般
体育社会组织服务有限	5.6	大
政府倾向	5.933	大

续表

三级评价指标	模糊综合评价得分	评语
购买内部化	6.3006	大
合谋	3.9666	一般
寻租	3.7001	一般
设租	4.0662	一般
体育社会组织的资金不足	5.4	较大
体育社会组织的人力资源不足	5.4995	较大
体育社会组织的服务能力不足	4.55	较大
成本追加	5.4671	较大
资金管理不规范	5.5335	较大
资金支付方式不当	3.1334	较小
参与主体购买动机差异	4.8338	较大
参与主体之间的不信任	4.0001	一般
沟通渠道不畅通	3.4337	较小
政府部门协调的复杂性	5.4339	较大
政府及相关部门的工作人员责任模糊	4.4995	一般
体育社会组织的自利性	4.1999	一般
社会公众的自利性	4.2005	一般
合同条款不完善	4.5332	较大
合同条款不灵活	4.5667	较大
合同标价不合理	4.5004	较大
评估主体缺失	5	较大
评估指标体系不完善	4.9671	较大
评估程序不合理	4.2	一般
评估制度环境不健全	4.1336	一般
评估对象不全面	3.7334	一般
监督能力不足	5.4335	较大
监督主体作用发挥不充分	5.202	较大
监督职权分散	4.6	较大

续表

三级评价指标	模糊综合评价得分	评语
管理能力不足	4.2666	一般
体育社会组织的综合服务能力下降	4.1	一般
管理模式不当	4.1667	一般

资料来源：《政府向体育社会组织购买公共体育服务影响因素重要性问卷调查表》调查结果的统计分析与整理，n=210。

第五节 政府向体育社会组织购买公共体育服务影响因素动态评价

结合政府购买公共体育服务的系统动力学模型、层次分析法和模糊综合评价法得出的数据，对政府向体育社会组织购买公共体育服务系统进行模拟仿真。应用系统动力学仿真模拟该系统是为了达到以下目的：从整个政府购买公共体育服务各要素相互作用的运行过程，动态的观测各个阶段影响力水平的发展趋势，观测控制率与各阶段影响力变化的相互关系，从而找出政府购买公共体育服务的关键影响因素，并研究各控制策略的效果，达到针对性地提出购买机制的创新。Vensim 软件是基于系统动力学的一种模拟与分析，以及最佳化动态系统模型的图形接口软件。本研究主要采用 VensimPLE7.2 软件对第五章所建立的政府向体育社会组织购买公共体育服务系统动力学模型进行模拟，模拟时间以周为基本单位，从案例分析法中的案例时间段来看，整个过程持续时间大致为 3~5 个月，因此本研究以 20 个周为周期，对模型进行模拟。

一、政府向体育社会组织购买公共体育服务系统动态模拟结果及分析

（一）政府购买公共体育服务各阶段影响因素影响力动态模拟结果及分析

从图 6-1 可以看出，决策阶段影响因素影响力发展趋势受到需求评估、经费预算和购买决策共同作用下形成的发生率 1，及战略管理和关系管理作用下的控制率 1 的影响，分别在第 6 周、11 周和 17 周呈现出三次较大的波动，说明这一阶段影响因素的影响作用在政府购买过程中会出现反复，但总体来看，依然被控

制在较低的水平。

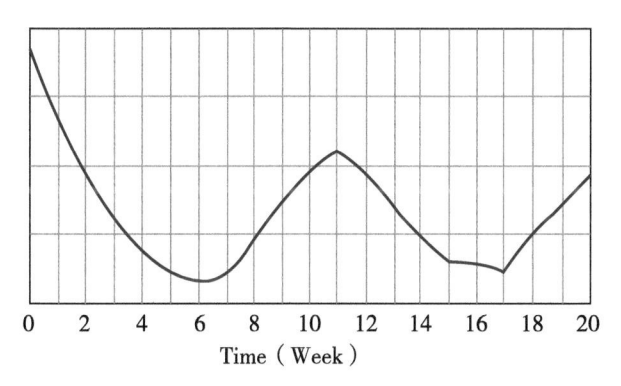

图 6-1 本研究决策阶段子系统影响力发展趋势图

由图 6-2 可以看出,体育社会组织选择阶段影响因素影响力发展趋势受到信息不对称、腐败、垄断和逆向选择共同作用下形成的发生率 2,及战略管理和关系管理作用下的控制率 2 的影响,在第 6 周后迅速回升,在第 8 周后呈现出不同幅度的振荡,在第 11 周到第 20 周,震荡幅度非常大,影响因素的影响作用较大。

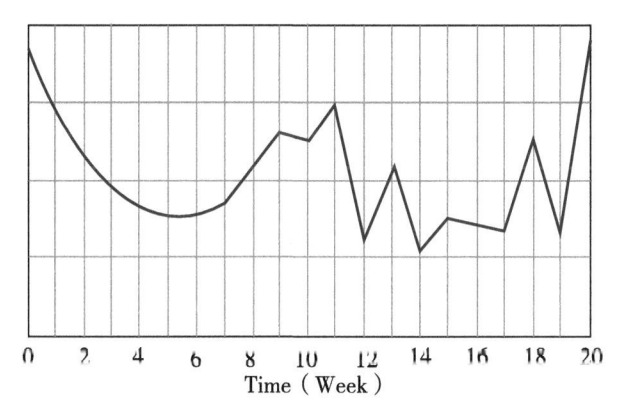

图 6-2 本研究体育社会组织选择阶段子系统影响力发展趋势图

由图 6-3 可以看出,合作管理阶段子系统影响力发展趋势是资金管理、主体协调、道德失范、合同订立、评估、监督和项目管理共同作用下形成的发生率 3,及流程管理、合同管理和质量管理共同作用下的控制率 3 的影响,第 5 周降到最低点,之后缓慢回升,一直处于较平缓的状态。

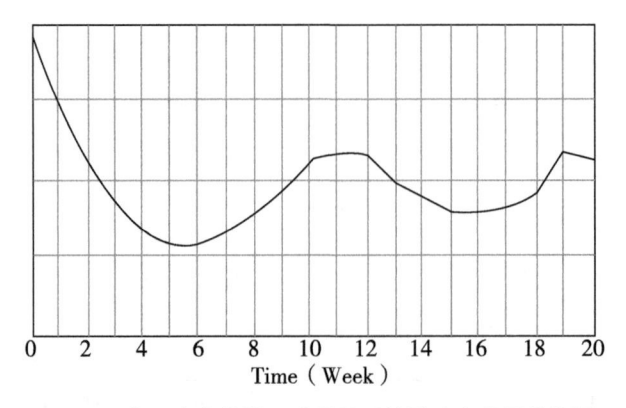

图 6-3　本研究合作管理阶段子系统影响力发展趋势图

由图 6-4 可以看出，政府向体育社会组织购买公共体育服务影响力发展趋势受到各子系统及该系统各要素的共同作用下在第 6 周影响水平最低，之后迅速回升，在第 8 周后呈现出不同幅度的振荡，在第 11 周到第 20 周，震荡幅度非常大，影响水平较大。

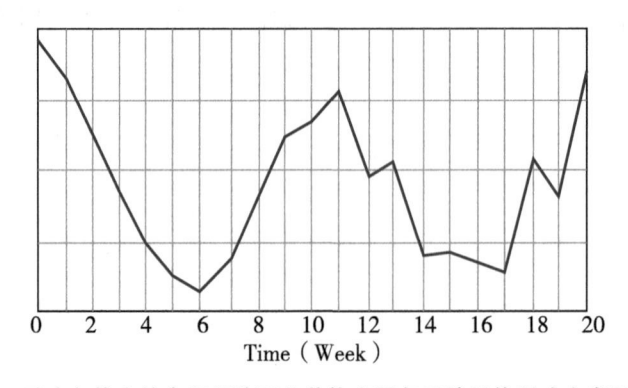

图 6-4　政府向体育社会组织购买公共体育服务系统总体影响力发展趋势图

将体育社会组织选择阶段的发展趋势与总体影响力发展趋势比较，我们可以看出，体育社会组织选择阶段的影响因素影响力走势决定了总体影响力走势。

(二) 政府向体育社会组织购买公共体育服务控制策略模拟结果及分析

由图 6-5 和图 6-6 可以看出：变化 1 在第 8 周最大，控制率 1 在第 8 周最小，随着控制率 1 的增加，变化 1 逐渐降低并且在第 12 周降到最低，由于延迟时间的影响，第 12 周后出现较大的反复现象，随后缓慢上升，第 16 周到第 17

周上升迅速。从变化 1 和控制率 1 的对比来看,第 12 周之前的控制效果较好,第 17 周后,控制的作用不大,其原因主要在于决策阶段的影响因素作用下的发生率 1 主要存在于政府购买公共体育服务的前期。

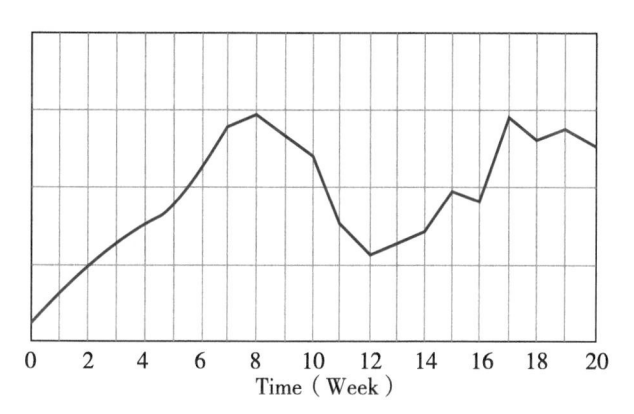

图 6-5 本研究影响力变化 1 走势图

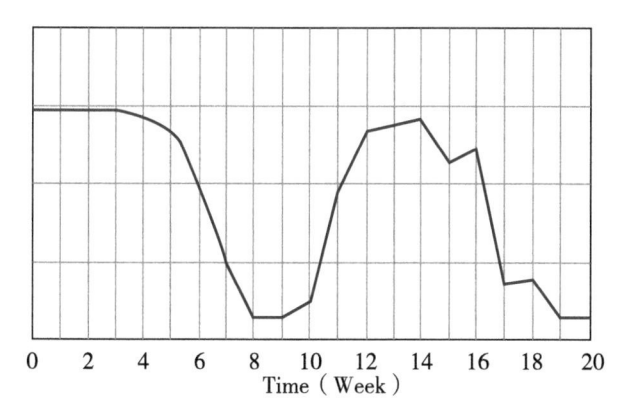

图 6-6 本研究控制率 1 走势图

由图 6-7 和图 6-8 可以看出控制率 2 在第 5—8 周缓慢下降,第 8 周后出现较大幅度的反复振荡,变化 2 在第 1—8 周缓慢上升,第 8 周后出现较大幅度的振荡,总体来看,在第 8 周后变化水平都较前期要高,究其原因在于决策阶段影响力后期控制效果较差,这一阶段的变化水平较前期要高。但总体来看,控制率 2 和变化 2 维持在一个相反的水平,说明控制的效果较好。

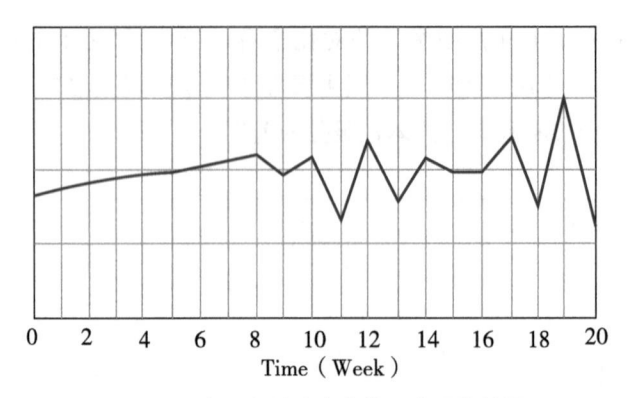

图 6-7　本研究影响力变化 2 发展趋势图

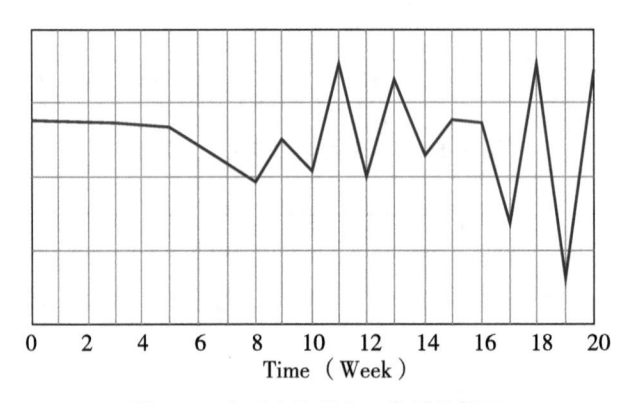

图 6-8　本研究控制率 2 发展趋势图

由图 6-9 和图 6-10 可以看出控制率 3 在第 8 周最低，第 12—14 周基本持平，变化 3 在第 1—8 周缓慢上升，第 8 周后逐渐下降，第 12 周最小，第 17—18 周上升幅度最大，说明这一阶段影响因素的影响水平增长最快，但总

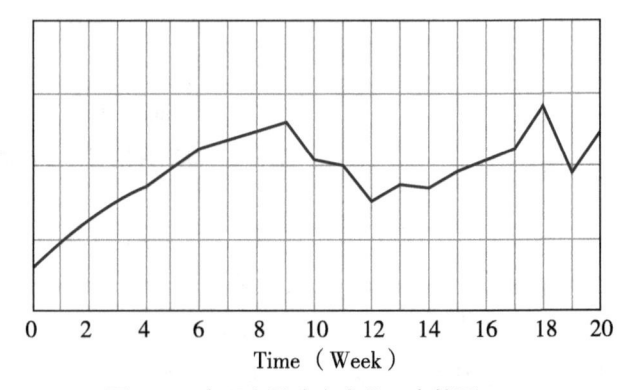

图 6-9　本研究影响力变化 3 走势图

体来看，控制率 3 和变化 3 维持在一个相反的水平，说明在合作管理阶段，如果不加控制，影响因素的影响水平会相对较高。

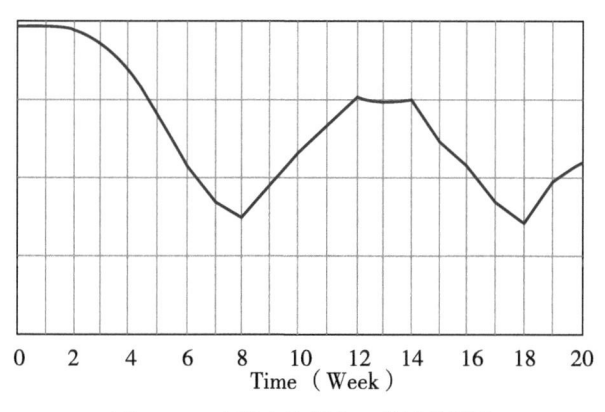

图 6-10　本研究控制率 3 发展趋势图

二、政府向体育社会组织购买公共体育服务系统动态模拟结论

通过对政府向体育社会组织购买公共体育服务的系统动力学模型的模拟结果分析可以看出，整个系统内部的三个阶段影响因素的影响力发展趋势呈现出不同程度的波动性。将其与政府购买公共体育服务的总体影响力发展趋势对比，不难看出，决策阶段影响因素的影响力走势和合作管理阶段影响因素的影响力走势与总体影响力走势之间存在一定差异，而体育社会组织选择阶段影响因素的影响力走势与总体影响力走势惊人的一致，这表明体育社会组织选择阶段的影响因素对整个购买过程的影响程度更大。

基于以上分析可知，一方面，政府向体育社会组织购买公共体育服务主要受到体育社会组织选择阶段影响因素的影响；另一方面，控制策略对每个阶段的影响因素的作用都产生不同程度的效果，因此，要从总体上减少影响因素对购买效果的影响，就要重点对体育社会组织选择阶段的影响因素进行控制。

第七章

政府向体育社会组织购买公共体育服务运行机制创新研究

第一节 政府向体育社会组织购买公共体育服务决策机制

政府向体育社会组织购买公共体育服务决策阶段，需求评估和购买决策影响较大，针对该影响因素，本研究提出优化公共体育服务的需求评估机制，和决策机制。

一、切实优化需求评估机制，防范需求评估风险

政府在购买公共体育服务中应当积极转变观念，从"运动式购买"向"以民需为本"进行购买，充分地体现和尊重民意，努力实现民主决策和科学决策的统一，防范需求评估风险。目前，在我国体育资源有限的情况下，如何获取公众对公共体育服务的需求信息，并且从中选取重要的需求信息，显得极为重要。因此，可以从以下几方面优化需求评估机制。

第一，建立公共体育服务需求调研制度，使需求调研成为政府向体育社会组织购买公共体育服务决策形成的前提，可以采用直接调研、实地考察的方式，真实地了解公众的公共体育服务需求。

第二，应当搭建公众参与和诉求表达的平台，如通过民主恳谈会、网络意见收集、街头随机采访，充分的了解民意，防范公众需求的表达机制不畅，拓宽信息收集渠道。

第三，应当充分运用社区体育社会组织更贴近群众、了解群众的优势，通过其对公众体育需求的反馈信息，从而了解群众的公共体育服务需求。如加拿大在

收集居民公共体育服务需求信息的过程中,非常重视社区的信息反馈。加拿大多伦多地区共建设社区组织81个,居民对体育技能培训、业余赛事的组织等公共体育服务的需求一般通过社区体育组织的社会体育指导员向社区反映。[1]

二、增强政府购买决策能力和水平,优化购买决策机制

在购买公共体育服务的过程中,政府要不断的增强政府的购买能力和水平,科学地选择购买内容和方式,防范购买内容确定不当和购买方式选择不对的影响。因此,可以从以下几方面进行。

第一,加强政府学习能力,创建学习型政府。我国经济和社会发展不平衡,由此造成社会公众的公共体育服务需求具有差异性和复杂性,给正确购买决策带来困难。如何应对政府向体育社会组织购买公共体育服务购买决策中遇到的问题和困难,将会影响公共体育服务的购买结果。彼得·圣吉指出:学习是应对变化和解决问题的唯一之道(圣吉,2009),只有提高政府的学习能力,创建学习型组织,才能应对复杂多变的环境。[2] 通过学习提高政府战略规划和管理能力,科学地确定政府向体育社会组织购买公共体育服务的具体内容、合理制定购买标准和程序、恰当选择购买方式。

第二,科学地制定政府向体育社会组织购买公共体育服务的内容。加拿大、日本、美国等西方发达国家,根据人口老龄化的社会发展趋势,对老年人的公共体育服务给予了重点关注。如加拿大倡导的"积极人生计划"、日本公共体育活动服务、美国健康诊断和健身计划服务,都对老年人给予了重点关注。[3] 现阶段,我国群众体育需求的差异性和不均衡性特征明显,体育社会组织的承接能力有限,因此,要准确地制定购买内容,就要准确地把握政府需要购买什么公共体育服务,市场和社会能够提供什么公共体育服务。政府要根据自身的经济状况、体育社会组织的发展水平、体育文化的特点及普及程度等,来确定公共体育服务的购买内容。为此,可以成立专门购买内容评估小组,对购买公共体育服务内容进行科学论证,评估小组的人员应由政府的工作人员、专家学者和社会公众组成。在资金等资源条件有限的情况下,优先满足社会公众的基本公共体育服务

---

[1] 于凤荣. 加拿大公共服务社会化之我见 [J]. 行政论坛, 2008 (5): 86-88.
[2] 彼得·圣吉. 第五项修炼——学习型组织的艺术与实践 [M]. 北京: 中信出版社, 2009.
[3] Entwistle Tom, Martin Steve. From Competition to Collabo-ration in Public Service Delivery: A New Agenda for Research [J]. Public Administration, 2005, 83 (1): 233-242.

需求。

第三，合理地选择政府向体育社会组织购买公共体育服务的方式。从发达国家经验来看，与其他领域的公共服务一样，不是所有"政府购买"都能够提高绩效，也不是某一种购买方式适用所有购买服务，需要根据公共体育服务的自身特性和内外部条件合理的选择购买方式。[1] 访谈结果表明：公共体育服务的硬服务，即绩效评价标准统一，如体育器材设施服务等适合采用公开招标的方式向市场主体购买；而公共体育服务的软服务，即服务的绩效标准不一、评价具有主观性，如体育培训指导服务适合采用邀请招标的方式向体育社会组织购买。

第二节 优化体育社会组织培育选择机制

在体育社会组织选择阶段、逆向选择、垄断和信息不对称三个因素的影响较大，因此针对上述影响因素，优化体育社会组织的培育和选择机制。

一、加强体育社会组织培育

近年来，各地的购买政策加大了向体育社会组织购买公共体育服务的力度。苏州市作为我国公共体育服务起步较早、发展较好的城市，其购买工作也主要是面向社会力量进行的。苏州市体育局《关于开展 2016 年苏州市购买公共体育服务项目的通知》明确规定向社会组织和社会力量购买赛事活动类 37 项、组织平台类 2 项、培训保障类 4 项、信息宣传类 2 项和健身综合类 2 项。[2] 体育社会组织作为政府购买公共体育的对象，具有独特的优势，但是我国体育社会组织的数量少，缺乏独立性。民政部《2016 年社会服务发展统计公报》统计，截至 2016 年底，我国共有社会团体 33.6 万个，体育类 2.5 万个，比例为 7.44%；民办非企业单位 36.1 万个，体育类 1.7 万个，比例为 4.7%。体育社会组织的发展欠缺，在购买政府公共体育服务中的竞争性不足。2014 年上海市民体育大联赛竞标结果显示，36 家参加招投标谈判的体育社会组织中有 26 家体育社会组织中

---

[1] 詹兴永. 政府购买公共体育服务的国际经验与我国推进路径 [J]. 山东体育学院学报, 2015, 31 (1): 15-18.
[2] 关于开展 2016 年苏州市购买公共体育服务项目的通知 [S]. 苏体群 [2016] 9 号, 2016.

标,中标率达72%,中标率高,竞争性不足。[1] 同时,体育社会组织的发展缺乏独立性。由于资金和其他资源的压力,希望获得政府的资金和其他资源的支持,从而形成了体育社会组织对政府的依赖关系,使体育社会组织脱离自身的专长,提供迎合政府期望的公共体育服务,失去了独立性。在购买公共体育服务的过程中,由于体育社会组织的缺乏,难以形成有效的竞争机制,有些地方政府不得不借助行政力量进行定向购买,甚至通过"培养性"委托购买的方式进行。而长期的委托购买和定向购买必然会带来体育社会组织的逆向选择,即"供应方垄断问题"。

在西方发达国家,体育社会组织发育成熟,在政府向体育社会组织购买公共体育服务中扮演着重要的角色。如美国拥有全国性体育社会组织300多个,地方性的分支机构难以完全统计。荷兰的体育类协会达35000多个,瑞典的体育俱乐部也达22000多个,全国1/3的人口参与协会或体育俱乐部,德国也拥有体育俱乐部91000多个[2][3],日本、意大利和德国的体育俱乐部也非常多,经常参加体育俱乐部的人口比例分别达到20%、26%和30%[4]。发达国家的体育社会组织的独立性很强,如瑞典体育事务的体育联合会、理事会的负责人和12名执委由选举产生,使其不受政府控制,独立判断公共体育服务的供给问题。西方发达国家数量庞大而独立的体育社会组织为政府向体育社会组织购买公共体育服务奠定了坚实的基础,能够承担大部分公共体育服务职能。

因此,要从战略的角度看待体育社会组织在政府向体育社会组织购买公共体育服务中发挥的积极作用,加强体育社会组织的培育。

(一)建立多层次竞争格局的体育社会组织培育机制

以多层次竞争格局培育体育社会组织是指将政府向体育社会组织购买公共体育服务作为一项系统工程,通过多层次的机制建设,实现政府与体育社会组织间的宏观层次竞争,体育社会组织之间的中观层次竞争,以及体育社会组织内部的微观层次竞争。其基本思路是以放权和合作为抓手,促进政府职能转变,培育体

---

[1]失忠梁,韩春利,王秋华.体育公共服务购买实践中的问题探索[J].鲁东大学学报(自然科学版),2015,31(3):283-288.
[2]罗林,杜从新.对欧洲体育俱乐部体制的研究[J].北京体育大学学报,2002(3):298.
[3]戴文忠,栾开封.中国与英国、瑞典体育管理体制比较[J].体育文史,1999(1):19.
[4]国家体育总局政策法规司.他山之石[G].北京:国家体育总局政策法规司,2000:10-18.

育社会组织的发展，创建政府向体育社会组织购买公共体育服务供给主体的多层级竞争格局。具体操作如下。

1. 宏观层面，分权让利，促进政府职能改革

按照公共体育服务的不同类型和属性，由事业单位、公司企业和体育社会组织分门别类地承担特定的公共体育服务生产，分权让利，鼓励政府向事业单位转移公共体育服务供给，引导市场力量和社会力量参与公共体育服务的供给，形成政府与事业单位和社会力量内外有序竞争格局。因此，首先，要引入政府的绩效管理，建立完善的责任机制，注重公共体育服务的绩效评价，以结果导向而不是过程导向，注重公共体育服务的成本效益分析，并且注重公共体育服务的公众满意度，以压力促进政府分权让利，促进政府职能改革。其次，促进体育社会组织管理制度改革。增强体育社会组织的独立性，让体育社会组织以主体角色参与到公共体育服务供给。

2. 中观层面，通过招标机制和体育社会组织的资质管理，实现体育社会组织之间竞争格局

首先，政府在确定购买内容和项目时，既要注重政府的招标，也要注重体育社会组织主动提出的公共体育服务项目的论证和采购。其次，分级分类购买公共体育服务，具体操作时按照公共体育服务的不同类别，确定承接组织的投标资质和评估标准，在项目招标时允许体育社会组织参与符合自己资质等级，或者低于自身等级项目的投标工作，一方面广泛吸纳体育社会组织投入政府向体育社会组织购买公共体育服务的实践来，另一方面也促进体育社会组织之间的竞争。为了保证招投标过程的公正、公平，美国政府规定政府向体育社会组织购买公共体育服务招投标过程中，必须保证2家及以上的竞标者参与竞标。例如，纽约市儿童服务委员会为了避免该地区儿童公共体育服务垄断供给，至少设置2个，多则有11个体育俱乐部作为公共体育服务的生产者。[1] 最后，实施资质等级评价制度，根据公共体育服务的绩效评价，对体育社会组织进行等级评价，鼓励体育社会组织申请资质升级，形成体育社会组织之间的竞争格局。

3. 微观层面，通过动态监管和制度化奖惩措施，培育体育社会组织

首先，在项目立项阶段，以公平竞争原则引入第三方参与，鼓励社会力量参

---

[1] Progress Review of Physical Activity and Fitness of Healthy People 2010 [S]. Department of Health and Public Service，Washington，DC：Public Health Service，2008.

与公共体育服务项目的提出、申报和评审中来。其次，在项目实施过程中，进行全面质量管理，建立完善的监督评价机制，鼓励社会公众参与项目监督，吸纳第三方机构参与绩效评估。最后，在项目结项阶段，采用制度化的奖惩措施，建立激励机制，通过客观公正的评价机制进行结项审查，确定体育社会组织的资质升级、保持或下降。

（二）完善体育社会组织内部治理机制

体育社会组织也要加强内部治理机制建设，提升项目运作能力。体育社会组织虽然不能像企业那样进行利益分配，但也需要创建自己的品牌、建设自己的组织，因此，需要不断地加强组织人力资源的建设，拓宽自己的资金渠道，规范资金管理制度，通过宣传加强组织的公信力。

首先，加强体育社会组织的制度建设，完善自身的运行机制。加强项目管理、财务管理、志愿者管理等方面的规章制度，特别是财务制度的建设和管理。其次，要加强体育社会组织的人力资源建设。英国"儿童早期发展和培训计划、健身行动区计划、健康城市计划"共投资 23 亿英镑，其中接近 30% 的资金将用于体育社会组织人员培训和相关市场组织的税收减免。[1] 清华大学 NGO 研究所调研结论认为，我国社会组织工作人员超过九成没有接受过岗前培训。由于资金不足，体育社会组织的财力水平不足支付人力资源工资等费用，因此在获得政府向体育社会组织购买公共体育服务的项目后，临时拼凑工作人员，特别是在西部地区，据走访调查发现这种现象非常普遍。因此，需要加强体育社会组织的人才队伍建设。可以通过整合外部资源的方式，将外部组织的人力资源吸纳进组织，挖掘有潜力和热心的草根领袖。通过组织专业化的培训，提高体育社会组织的健身指导和服务管理能力。最后，加强体育社会组织的信息公示制度，定期向政府、社会和公众公示服务内容、受众满意度和财务收支等情况，提高社会公信力。

（三）优化体育社会组织发展的外部支持系统

1. 加强体育社会组织的孵化培育

设立专项资金和孵化资金，孵化体育社会组织，如通过提供办公场所和设

---

[1] 汤际澜. 英国公共服务改革和体育政策变迁 [J]，南京体育学院学报，2010（4）：43-47.

施、经费补助和战略规划指导培育体育社会组织。[1]如成都市锦江区建成了区级社会组织孵化基地和社区社会组织孵化器——社会组织指导中心，给予每个登记注册的社会组织2万元、每个备案的社会组织5000元的扶持资金，成功孵化出600余家社会组织。[2]

2. 优化体育社会组织发展的资金支持系统

保证体育社会组织良性持久发展的最重要条件就是资金来源，因此应设立扶持资金，通过各种途径和渠道吸纳社会捐助，鼓励体育社会组织适度地开展盈利活动，拓宽体育社会组织的筹资渠道。西方发达国家通过政府资助等形式优化体育社会组织的资金支持系统。如美国110个城市成立了非营利性体育组织——"体育委员会"（Sports Commission），经费主要来源于自我创收和财政支持，以阿拉楚阿县盖恩斯维尔市为例，每年政府的资助约为11万美元；美国的PEP项目实施过程中，美国政府仅2014年向美国体育用品制造商协会（SGMA）资助7800万美元。我国公共体育服务较发达的地区也加大了对体育社会组织的资金支持。例如，江苏省作为全国公共体育服务示范区，建立体育社会组织发展专项资金，制定体育社会组织奖励办法促进体育社会组织的发展，无锡市每年设立体育社团发展专项资金150万元，盐城市每年从体彩公益金中拿出100多万元作为政府向体育社会组织购买公共体育服务的经费，支持体育社会组织的发展。[3] 汪流在对北京市区（县）体育社会组织的经费调查表明：体育社会组织的经费来源比较单一，政府补贴和会员会费分别占了65%和66.1%，经营性收入只占了10.6%，社会捐赠比较有限，集中在少数的体育基金会上。[4] 因此，除政府的资金扶持外，体育社会组织还应增强自身的市场开发能力，吸引社会资源，加强自身的造血功能。

3. 优化体育社会组织发展的制度支持系统

首先，加强体育社会组织的评估制，如在全国公共体育服务大会上，"常州

---

[1] 郭修金，戴健. 政府购买体育社会组织公共体育服务的实践、问题与措施：以上海市、广东省为例 [J]. 上海体育学院学报，2014，38（3）：12.
[2] 赵万松. 成都市锦江区：六大体制改革大力激发社会组织活力 [J]. 中国社会组织，2016，15（9）：21-23.
[3] 徐志胜，刘敏. 江苏围绕基本公共体育服务体系建设加快推进体育社会组织发展 [N]. 中国体育报，2013-11-13（003）.
[4] 汪流. 北京区（县）体育社会组织的现状调查与分析 [J]. 河北体育学院报，2017，31（6）：24-30.

模式"被广泛认同,常州市从 2011 年起,制定了体育社团建设等级评估标准,对体育社团进行评估,并给予优秀体育社团 3 万~10 万元的奖励,极大地促进常州市体育社会组织的发展。[1] 其次,优化体育社会组织的登记制度,降低登记准入门槛,简化手续,缩短登记时间。现有的社会组织登记管理条例对登记时间的规定过长,手续复杂,"申请筹备—受理—批准筹备"时间通常需要 60 个工作日,因此可以建立复合登记管理制度,形成以体育社团登记管理部门为主导、政府有关工作部门配合的多部门协同的格局。[2] 最后,完善体育社会组织的税收优惠制度,推行体育社会组织免税资格及公益性捐款税前扣除资格制度。为了促进体育社会组织的参与,西方发达国家制定了较为完善的体育社会组织免税制度,为体育社会组织的发展提供税收优惠制度支持。如德国、意大利等国家都制定了许多优惠政策,意大利出台了《业余体育活动盈利纳税法案》对参与业余体育活动的体育社会组织进行税收优惠,德国的相关制度规定俱乐部可以免费或低价使用体育场[3]。

二、建立科学的体育社会组织选择机制

政府向体育社会组织购买公共体育服务的信息不对称和腐败作为体育社会组织选择的重要影响因素,其直接原因是体育社会组织的选择方法不科学,流程不合理。

(一) 设置科学的体育社会组织准入条件

准入条件是体育社会组织参与政府购买公共体育服务的先决条件,也是政府能够选择优质的体育社会组织的前提条件。公共体育服务的服务承接组织应包括事业单位、作为市场主体的企业及体育社会组织。由于体育社会组织的公益性和非营利性特征,其在购买服务中具有独特的优势和作用。但是通过分析部分地方的政府购买公共体育服务的具体操作细则,发现没有对服务承接组织的准入条件作出相关规定,只是缩小了服务承接组织的范围,无法形成服务承接组织之间的

---

[1] 践行五大发展理念,构建公共体育服务的常州模式 [N]. 常州日报,2016-04-06.
[2] 张良,刘蓉. 治理现代化视角下我国地方行业协会外部治理体系重构研究 [J]. 华东理工大学学报,2015 (4):94.
[3] 高建萍. 欧洲发达国家群众体育管理的相关经济政策研究 [J]. 南京体育学院学报,2004,18 (6):39-40.

有效竞争。以体育社会组织为例,《社会团体登记管理条例》规定的登记管理机关和业务主管单位的双重管理制度,使得大批的体育社会组织没有获得合法的地位,面临着生存难、发展难的局面。许多地方的购买公共体育服务的实施办法都对体育社会组织的登记做了相关的规定,如《常州市向社会力量购买公共文化体育服务实施办法(暂行)》第五条对政府向体育社会组织购买公共体育服务的承接主体规定除国务院批准免予登记的社会组织外,其他都必须依法在登记管理部门登记。但实践中,依法完成登记手续的体育社会组织的比例相当低。2002—2003年,民政部调查数据发现:正式登记的体育社会组织比例偏低,仅仅占社会组织总数的8%~13%。大批的体育社会组织无法获得承接公共体育服务的资格和合法地位,被排除在服务承接组织的范围之外。

政府购买公共体育服务的基本要求是能够提供优质的公共体育服务,因此,要围绕这一核心原则科学设置准入条件。如针对体育社会组织的非营利性在供给公共体育服务的优势方面,购买服务时应当适当放宽体育社会组织的准入条件,降低准入门槛。针对体育社会组织的双重管理制度造成的购买对象缩小的问题,可以构建备案制度,通过实行登记、备案双轨制的准入制度,使没有登记但具备承接能力的体育社会组织也能参与购买服务。如北京大学法学院体育社会组织法研究中心经过研究后提出了建立非政府组织备案制度的建议,对没有政治倾向问题、对社会发展有益的,但由于各种原因暂时不符合登记条件的非政府组织,可以通过备案赋予这些组织开展活动的合法身份。[1] 有些城市在这方面已经有了较为成功的经验,《锦江区社区社会组织备案暂行办法》及相关配套文件规定实行登记备案双轨制,对不符合条件的非政府组织主要在社区范围内活动的文化体育类非政府组织,实行备案管理,由重入口向重过程管理转变。[2]

(二) 设定科学的体育社会组织选择运行流程

政府购买公共体育服务过程中,确定购买内容后,就会以公开招标、邀请招标等方式选择服务承接组织。实践中,公共体育服务的硬服务,如体育器材的购买,主要通过政府采购的方式向企业购买,有比较成熟的评价标准。而公共体育服务更多的是软服务,如何选择符合多方利益共赢的体育社会组织是十分棘手的

---

[1] 金锦萍. 中国体育社会组织法前沿问题 [M]. 北京: 社会科学文献出版社, 2014: 1.
[2] 锦江区社区社会组织登记管理暂行办法 [S]. 锦府发 [2010] 42号, 2010.

问题。

体育社会组织的选择具有主观性，缺乏科学的量化标准。实践中，政府要么主观选择体育社会组织，要么采用简单的"价低者得"的客观标准。一种，根据过去的经验和对体育社会组织的了解程度，通过硬性指标筛选出几家潜在体育社会组织，再由相关政府部门领导者完成筛选。这种选择方式非常主观，严重失去公平性，最终影响体育社会组织选择的科学性。另一种，据我们访谈了解目前大多数政府向体育社会组织购买公共体育服务都是通过招投标的方式进行，其中最重要的衡量标准即价格。因此，在购买公共体育服务招投标中，经常会出现恶性的价格竞争，有些体育社会组织甚至低于成本价来编制投标方案，结果就会以降低服务质量来完成公共体育服务的供给。

科学的体育社会组织选择程序是科学承接机制的核心内容。西方发达国家的服务承接组织的选择从信息的发布、承接主体条件的制定和服务承接组织的筛选过滤等都有明确的步骤。体育社会组织的选择应该在购买公共体育服务的目标及当前体育社会组织分析的基础上，确定政府向体育社会组织购买公共体育服务的购买定位，以及与体育社会组织的关系。政府向体育社会组织购买公共体育服务的选择过程应该包括多个步骤，并且循环进行。

步骤1. 确定体育社会组织评价标准

体育社会组织综合评价的指标体系是对体育社会组织进行综合评价的依据和标准。政府在购买公共体育服务时应注重体育社会组织的评估标准，具体包括两大类：一类是运作层次的标准，如体育社会组织的购买价格、质量等；另一类是目前政府向体育社会组织购买公共体育服务中容易被忽略但实际上却至关重要的一些长期战略性指标，如体育社会组织的综合服务能力、体育社会组织的内部治理机制等。从与政府相关部门的访谈中发现，我国政府在评价选择体育社会组织时存在较多问题：主观的成分过多，有时往往根据体育社会组织的印象而确定体育社会组织的选择，体育社会组织选择的标准单一，价格因素在体育社会组织选择标准中的重要性过高。

步骤2. 建立评价小组

政府需要建立"专家系统"，系统里的专家需要拥有体育服务、体育培训、体育竞赛及活动开展、体育场地设施等方面的专业知识，当需要对体育社会组织进行评价的时候，可以从专家系统中抽出专业对口的专家，再选择一些社会代表组成评价小组，共同对体育社会组织进行评价。

步骤3. 识别潜在的体育社会组织

通过各种公开信息和渠道，包括体育社会组织的主动问询和介绍，将政府购买公共体育服务的信息向体育社会组织传递出去。

步骤4. 体育社会组织的初选

在初选体育社会组织的时候，最重要的是了解体育社会组织能否提供高质量的公共体育服务、有没有固定的地址、工作人员的组成情况、过去开展活动及承接公共体育服务的情况等，如果没有固定的地址和工作人员，会为以后的交流沟通带来极大的麻烦，同时也说明该体育社会组织的管理非常落后，一定要慎重考虑。同时也要看需要购买的公共体育服务是否有特殊的要求，如果有，还要考察体育社会组织是否有能力提供相应的服务。初步筛选体育社会组织，剔除明显不适合进一步合作的体育社会组织后，得出体育社会组织考察名录。

步骤5. 体育社会组织实地考察

安排对体育社会组织的实地考察至关重要，也是评价体育社会组织的关键所在。据我们访谈了解：在实际购买服务的操作过程中，体育社会组织有装订漂亮的宣传图册，很多体育社会组织甚至聘请专业人员撰写投标书，因此，如果仅仅从宣传或投标书来看，不一定能选择到合适的体育社会组织。因此，政府部门的相关工作人员应加强实地考察，第一，到体育社会组织的服务现场进行考察，如果是市场主体，可以到企业参观考察；第二，考察体育社会组织的财务状况、人力资源、诚信状况；第三，对体育社会组织过去的业绩进行调查。

步骤6. 对体育社会组织投标书进行分析

体育社会组织审核完成后，对合格体育社会组织的投标书进行分析，投标书里面包含大量的信息，其中对重要的要素，如成本、人工、管理费用进行详细的分析与对比。

步骤7. 综合评估确定最终体育社会组织

最终的综合评估在初步调查和现场调查的基础上做进一步分析和资料的收集，是体育社会组织的人力、物力和财力综合考察的过程，通过综合评估确定体育社会组织。

三、加强交流与沟通，促进购买信息公开化

建立信息共享平台是政府购买公共服务信息公开化、透明化的重要途径，通过把各种渠道、服务过程各个环节的信息汇聚在一起，扩大信息公开范围，拓宽信息公开渠道，有效克服政府购买公共服务信息不对称、逆向选择和垄断因素的影响。

（一）扩大政府购买信息公开范围

政府向体育社会组织购买公共体育服务的主要目的是有效满足群众日益增长的公共体育服务需求。政府积极转变职能，交由社会力量提供公共体育服务，并以社会公众的满意度为结果性指标来评价政府的购买绩效。体育社会组织要对政府购买公共服务的计划等有所知悉，因此需要建立信息共享平台，扩大信息的公开范围。体育社会组织可以通过政府网站及信息公开栏等方式了解政府向体育社会组织购买公共体育服务的计划，也可以通过信息交流平台及时向政府反映社会公众的体育需求，提出公共体育服务的购买计划。政府作为委托人应主动公开购买体育服务的范围、购买程序、资金预算及使用范围，便于符合资质的体育社会组织参与竞标，体育社会组织在提供公共体育服务的过程中不涉及组织保密的信息应公示于众，接受公众的评价与监督。美国政府购买公共体育服务时，一般提前在"联邦政府商业机会网站"发布信息，并根据《联邦采购条例》相关规定选择服务承接组织。

（二）拓宽政府信息公开渠道

为了避免政府购买公共体育服务信息不对称的现象发生，要求政府不断拓宽信息公开渠道，通过各种方式及时将购买计划、资金预算等相关信息公开化，降低监督和评价成本，提高公共体育服务购买成效。西方发达国家也在积极探索拓宽信息公开的渠道，法国在这方面的做法独具特色，法国体育管理部门每年邀请非营利性体育组织和市场组织等参与联谊会，通过联谊会宣传政府的相关政策，从而吸引更多的非营利性体育组织和市场组织。[1] 结合我国社会发展的具体情

---

[1] 詹兴永. 政府购买公共体育服务的国际经验与我国推进路径 [J]. 山东体育学院学报，2015，31（1）：14-18.

况，可以从以下几方面拓宽信息公开渠道：首先政府可以通过传统媒体发布购买的各类体育赛事服务、社会体育指导培训服务、体质健康监测服务、体育场地设施的购买服务等信息；其次可以在政府办公场所设置信息公开栏、社会公众活动的场所设置电子广告屏等发布购买信息；最后可以结合"互联网+体育"的形式，与移动、电信、联通、腾讯等公司合作，通过微信公众号、微博、QQ等形式，发布购买公共体育服务的相关信息，并进行交互式传播。

第三节 政府向体育社会组织购买公共体育服务治理机制创新研究

政府向体育社会组织购买公共体育服务合作管理阶段的影响因素评价结果表明：资金管理、合同订立、评估和监督四个因素的影响较大。针对以上影响因素，要完善财政制度，加大政府向体育社会组织购买公共体育服务的资金投入，科学制定购买合同，健全政府向体育社会组织购买公共体育服务的监督机制和评估机制。

一、规范资金管理机制，防范资金风险

政府向体育社会组织购买公共体育服务的资金管理的主要致因因子是成本追加、资金支付方式不当和资金管理不规范，这些因素与资金管理有密切的关系，因此，要规范资金管理、防范资金风险。

第一，禁止不签书面合同，防范成本追加风险。向"熟人"购买或向有联系的社会组织购买公共体育服务的购买行为时有发生，碍于情面或思想不重视等原因，政府相关部门的工作人员与体育社会组织不及时甚至不签合同。由于没有合同的约束可能存在体育社会组织以资金不足为由，要求追加成本，造成购买成本的增加。

第二，严格合同审查，禁止签不规范的合同。有些政府向体育社会组织购买公共体育服务的合同可能存在不合法、不合招投标程序、显失公平、低于成本价的情况，这些合同隐藏着资金隐患。因此，要严格审查合同，特别是合同的附加条款中关于资金的支付方式、税金缴纳主体等要严格把关。

第三，加强资金风险意识，规范资金管理。风险意识不强是政府向体育社会组织购买公共体育服务资金风险产生的重要原因。资金管理不规范，特别是一些

规模小的体育社会组织，没有专业财务人员管理购买资金，没有相关的资金管理制度。因此，应加强资金管理的风险意识，规范资金管理的制度，提高财务管理者的专业素质，防范资金风险。

二、提高合同制定能力，科学制定购买合同

(一) 加强政府合同管理专业能力建设

合同制定中的合同条款不完善、合同定价不合理和合同不灵活等指标集中反映的是政府的合同管理专业能力水平较低。因此，要加强政府合同管理专业能力建设。首先，体育局系统通过招录、引进和岗位流动的方式，构建合理的人才结构体系。其次，摒弃"外行领导内行"的观念，打造合理的合同管理专业人才的晋升渠道，确保体育局系统合同管理专业队伍的良性循环。

(二) 注重合同制定的方式方法

首先，在合同制定的具体操作中，需要对购买公共体育服务的成本效益进行综合评价，可以提出科学合理的价格购买公共体育服务，防范合同定价不合理；其次，合同的制定需要政府和体育社会组织充分协商，共同制定，遗漏条款；最后，合同细则的设计要有充分的变更余地以应对突发的特殊情况，防范合同不灵活。

三、健全政府向体育社会组织购买公共体育服务的监督机制

西方发达国家多元化的监管网络、多元化的监管主体和多样化的监管方式为我国健全政府向体育社会组织购买公共体育服务的监督机制提供了经验借鉴。西方发达国家的体育社会组织大多采用会员制，如英国的中央体育协会有关公共体育服务的决定要从会员、理事、执委、单项体育协会层层征求意见，这种民主管理模式使得公共体育服务的购买效率和质量也要接受层层监督，从而得到有效保障。[1] 在监督主体上，确定了多元化的监督主体。如美国的税务局主要负责联邦政府层面的监督，首席检察官负责州层面的监督，公众对公共体育服务也能申请公开权和检查权[2]。在监管方式上，采用服务承接者定期信息报告、实地巡

---

[1] Chris Gratton, Peter Taylor. Economics of Sport and Rec-reation [M]. London: E & FN SPON, 2000: 13-15.
[2] Sandy, R., Sloane, P., Rosentraub, M. The Economics of Sports: An International Perspective [M]. London: Palgrae/Macmillan, 2004.

查、公众监督和审查监督相结合的多样监管方式。

结合西方发达国家的经验和我国购买公共体育服务的实践，在购买公共体育服务过程中，提高政府向体育社会组织购买公共体育服务的监督能力，有效整合监督职权，积极促进各监督主体的参与。

（一）提高政府向体育社会组织购买公共体育服务的监督能力

针对政府购买公共体育服务过程中政府监督能力不足的问题，应当采取多种途径和方法，提高政府向体育社会组织购买公共体育服务的监督能力。首先，要在政府采购部科学合理的设置工作岗位，由专业人员任职并分类履职。其次，完善监督机构要积极引入第三方机构进行监督，如深圳市光明新区建立的社区志愿者协会，利用志愿者的体育专业知识、管理专业知识，对项目的执行情况进行监督，很大程度上弥补了政府监督能力有限的问题；可以建立专门的监督机构，由政府相关工作人员、社会公众、体育社会组织等相关人员组成，对体育社会组织的公共体育服务生产过程进行监督。最后，加强信息化建设和信息化监督，可以克服监督成本高、效率低下、及时性差的缺点，通过信息平台将政府购买公共体育服务的工作流程转移到信息管理系统，实现对工作流程全方位、全环节的实时动态监督。

（二）有效整合各部门监督职权

政府向体育社会组织购买公共体育服务涉及体育行政管理部门、财政管理部门、检查管理部门等多个部门，存在监督职权分散、责任分散等问题。因此，需要有效地整合监督职权。首先，建立工作领导协调小组，由体育行政管理部门牵头，统一协调相关工作。其次，建立包括财政、工商等多部门联合的审核制度，从体育社会组织的选择，如体育社会组织的专业资质、运行管理、服务能力等，到公共体育服务的整个供给过程，通过书面材料审核等方式进行联合监督。

（三）建立多元主体监督机制

政府向体育社会组织购买公共体育服务的监督主体应该具有多元性，不仅包括政府行政部门、体育社会组织、社会公众内部监督主体，还包括中华人民共和国代表大会及常委会、中国人民政治协商会议、司法、志愿组织、第三方监督机构、新闻媒体和个人等外部监督主体。[1] 在政府向体育社会组织购买公共体育服务的过程中，要积极促进各主体的参与，防范监督主体参与不足的问题。

首先，调动内部监督主体的积极性。内部监督主体是购买服务的主要监督主体，体育行政部门对政府购买流程及各环节执行情况进行监督，监察部门和财政部门对购买效果及资金使用和管理进行监督。在内部监督层面，主要是对购买资金的监督和公共体育服务数量和质量的监督，资金监督的主要内容包括订立明确的会计账目及记录、财务申报及内部控制、资金使用是否规范等。其次，要构建科学的外部监督机制，发挥各外部监督主体的作用。发挥人大在购买公共体育服务的内容和资金的监督审核作用，司法部门对政府购买公共体育服务过程中的违法犯罪，特别是腐败行为的监督惩处作用，发挥监察部门对政府相关工作人员渎职等行为的监督惩戒作用，发挥新闻媒体对政府购买公共体育服务的引导教育作用，发挥第三方监督机构的客观公正的监督评价作用。再次，开发外部监督主体的监督平台，如建立网站、微信、微博等多元化监督主体的网络参与平台和热线电话、报纸杂志专栏、电视专题节目等媒体参与平台，使外部监督主体更公开、便捷地参与公共体育服务的监督。最后，营造外部监督主体参与的社会氛围。社会公众是公共体育服务的使用主体和监督主体，对公共体育服务的质量最有发言权，但专家的调查显示，社会公众对政府购买公共体育服务的监督参与不足，其主要原因是"法律观念淡薄，主人翁意识不强""政治参与意识薄弱"等。因此，应加大宣传，提高社会公众的社会责任感，促进社会公众的监督参与。

四、完善政府向体育社会组织购买公共体育服务评估机制

在政府向体育社会组织购买公共体育服务的评价中，主要体现在两个致因因子：一是评估主体缺失。第三方评估机构缺乏独立性，且仅对购买结果进行评估，对购买计划和购买过程评估较少，社会公众评估的积极性不强，评估主体的作用没有得到充分的发挥。（李震等，2014）对武汉市的购买案例研究发现体育局和市场办既是购买主体，也是评估主体[2]。二是评估指标体系不完善。政府购买公共体育服务的指标体系没有统一的政策，评估指标体系的建立具有临时

---
[1] 沈克印. 政府购买公共体育服务的监督机制研究 [J]. 体育成人教育学刊，2017，33（4）：53-57.
[2] 李震，陈元欣，刘倩，等. 政府购买公共体育服务研究——以武汉市政府购买游泳服务为个案研究 [J]. 武汉体育学院学报，2014，48（7）：36-40.

性。评估指标体系通常是针对购买服务本身，较少涉及对购买主体政府和体育社会组织的评估，（吴卅，2017）对上海和常州的购买案例研究发现，仅仅对购买服务本身的执行过程和结果进行评估，缺少政府是否履责的相关评估指标。[1] 评估指标体系仅仅围绕合同的完成情况，从质量、成本、公众满意度等方面进行评估，没有立项准备和中期的相关评估指标。因此，完善政府购买公共体育服务的评估指标体系，应当健全政府购买公共体育服务的评估机制。

（一）完善政府向体育社会组织购买公共体育服务指标体系

评估指标体系的科学合理直接关系评估结果的有效性。首先，评估指标体系应当具体且具有可操作性。根据不同类别的公共体育服务项目，设立不同的评估标准，以数量、质量、效果为相关参数，以数字化评分方式形成标准等级，构建完备的绩效评价指标体系。其次，评估指标体系不仅应当包括公共体育服务的质量、效益、效率和公众满意度，还应当包括对政府、体育社会组织和购买过程的相关指标体系。如美国对政府购买的赛事服务的绩效评价，不仅包括经济性指标，还包括群众满意度、群众体育生活质量影响和环境影响等指标。[2] 英国从经济利益最大化的公共体育服务社会化改革的失败中吸取教训，提出了最佳价值和全面绩效评估模式。[3] 最后，评估指标应该围绕项目的规划、立项和运营整个购买的生命周期来设计。在项目规划阶段，建立需求评估指标体系；在项目的立项阶段，建立体育社会组织评估指标体系；在项目的运营阶段，建立资金使用情况、合同履行情况和服务效果等评估指标体系。

（二）引入第三方评估机构

评估主体是对政府向体育社会组织购买公共体育服务进行评估的组织者和实施者，因此，要充分发挥评估主体的作用。首先，应当引入第三方评估机构。目前，部分地区的政府购买公共体育服务已经引入了第三方评估机构，如受上海市体育局委托，上海玄钥管理咨询有限公司作为第三方机构对2014年上海市民体

---

[1] 吴卅. 政府购买公共体育服务绩效评估现状——基于上海市和常州市经验 [J]. 北京体育大学学报，2017，40（03）：11-15.

[2] Healthy people 2010: National Health Promotion Objectives [J]. US Department of Health and Human Services, Public Health Service. Washington, DC: DHHS publication, 2000.

[3] Houlihan B, White A. The Politics of Sports Development: De-velopment of Sport or Development through Sport [M]. London: Routledge, 2002: 80-83.

育大联赛项目开展绩效跟踪评价。其次,保证评估主体的独立性和权威性。可以通过公开招标的方式,选择与政府和体育社会组织无利益往来的第三方评估机构;通过成立专用的评估基金,用于评估活动,从而切断政府与第三方评估机构的利益链,保证第三方机构的积极性和独立性,提高评估的权威性;通过相关的制度,科学的制定评估流程和纪律,并设置评委的数量和构成。最后,提高第三方评估机构的专业性。提高第三方评估机构的职业素养,将评估结果纳入诚信档案;政府通过行业指导和宏观管理,营造第三方评估机构的竞争环境,促进第三方评估机构的规范运行。

(三)建立多边互评的信用评价平台,促进政府、体育社会组织和社会公众参与评价

多边互评的信用评价平台包括政府、体育社会组织与社会公众的信用互评三个部分,促进政府、体育社会组织和社会公众从专业水平、购买服务的经历、购买服务的完成情况等方面考察体育社会组织的水平,从而降低政府向体育社会组织购买公共体育服务的风险。政府通过信用评价平台对体育社会组织公共体育服务提供的完成情况、公共体育服务的参与态度等方面进行信用评分;体育社会组织可以通过信用评价平台从政府的购买方案制订是否合理,体育社会组织的选择流程是否公平,购买经费是否按时足额的支付,购买过程中相关工作人员是否存在设租、寻租、渎职等道德行为等方面进行评分;社会公众是使用者,对公共体育服务的好坏最有发言权,通过信用评价平台,可以方便快捷地调动社会公众的积极性,参与政府向体育社会组织购买公共体育服务的评估,对政府和体育社会组织的履职情况进行评价。

附 录

附录 1

政府向体育社会组织购买公共体育服务运行机制与方式
访谈提纲
（政府相关部门工作人员用）

1. 贵单位是否购买过公共体育服务？购买的原因是什么？

2. 请您介绍一下您负责的政府向体育社会组织购买公共体育服务项目？

3. 在您负责的政府向体育社会组织购买公共体育服务项目中，哪些因素影响到购买服务项目？请简要说明它们。

4. 针对政府向体育社会组织购买公共体育服务的影响因素，您是如何应对的？请介绍主要方法？

5. 对政府向体育社会组织购买公共体育服务的运行机制和方式创新，您有何意见和建议？

附录2

政府向体育社会组织购买公共体育服务运行机制与方式访谈提纲
（体育社会组织工作人员用）

1. 贵单位是否承接过公共体育服务，如果有，请您谈谈原因是什么？

2. 请您介绍一下您承接的政府向体育社会组织购买公共体育服务项目。在承接这些公共体育服务时有什么问题和难点？

3. 在您负责的政府向体育社会组织购买公共体育服务中，哪些因素影响到服务的购买，请简要说明它们。

4. 针对政府向体育社会组织购买公共体育服务的影响因素，您是如何应对的？请介绍主要方法？

5. 对政府向体育社会组织购买公共体育服务的运行机制和方式，您有何意见和建议？

附录 3

政府向体育社会组织购买公共体育服务影响因素检查表

问卷编码：_____

填表说明：

尊敬的专家，非常感谢您抽出宝贵的时间填写此问卷。本问卷仅仅用于课题组的课题研究，对您所填写内容绝对保密。请您根据所从事公共体育服务购买活动的实际情况，对影响因素出现的可能性进行判断，5 代表非常可能，4 代表比较可能，3 代表一般，2 代表比较不可能，1 代表不可能，请在相应空格内打"√"。

一、个人信息（仅用于统计目的）

1. 您所在的单位性质：

□政府机构　　　□公司企业　　　□事业单位　　　□社会组织

2. 您的工作年限：

□1 年以下　　　□1~3 年　　　□3~5 年　　　□5 年以上

二、政府向体育社会组织购买公共体育服务影响因素发生可能性

表 1　决策阶段影响因素发生可能性检查表

影响因素	致因因子	5	4	3	2	1
需求评估	缺乏有效的信息收集渠道					
	公众需求的表达机制不畅					
	需求信息筛选失误					
经费预算	宏观经济环境不确定性					
	未考虑隐性成本					
	盲目压缩成本					
	政府资金投入不足					
购买决策	购买内容确定不当					
	购买方式选择不对					

表2 体育社会组织选择阶段影响因素发生可能性检查表

影响因素	致因因子	5	4	3	2	1
信息不对称	信息沟通方式不当					
	信息传递渠道不畅通					
	隐藏信息					
	扭曲信息					
腐败	设租					
	寻租					
	合谋					
逆向选择	体育社会组织的资金不足					
	体育社会组织的服务能力不足					
	体育社会组织的人力资源不足					
垄断	体育社会组织服务有限					
	政府倾向					
	购买内部化					

表3 合作管理阶段影响因素发生可能性检查表

影响因素	致因因子	5	4	3	2	1
合同订立	合同条款不完善					
	合同标价不合理					
	合同条款不灵活					
资金管理	成本追加					
	资金支付方式不当					
	资金管理不规范					
	政府资金投入不足					
主体协调	政府部门协调的复杂性					
	参与主体购买动机差异					
	参与主体之间的不信任					
	沟通渠道不畅通					

续表

影响因素	致因因子	5	4	3	2	1
道德失范	政府及相关部门的工作人员责任模糊影响因素					
	体育社会组织的自利性					
	社会公众的自利性					
环境因素	自然环境影响因素					
	经济环境影响因素					
	政治环境影响因素					
管理因素	管理能力不足					
	体育社会组织综合服务能力下降					
	管理模式不当					
监督因素	监督主体作用发挥不充分					
	监督能力不足					
	监督职权分散					
评估影响因素	评估主体缺失					
	评估对象不全面					
	评估指标体系不完善					
	评估程序不合理					
	评估动力方向偏差					
	评估动力不足					
	评估制度环境不健全					

附录4

政府向体育社会组织购买公共体育服务影响因素权重问卷调查表

敬爱的先生/女士：

您好！

我们正在进行政府向体育社会组织购买公共体育服务的相关研究，非常感谢您抽出时间协助此项研究。

本次调查旨在采用层次分析法确定政府向体育社会组织购买公共体育服务影响因素指标的权重值。本次调查采用1-9级Bipola标度方法，请您根据您渊博的知识和丰富的经验，将这些指标进行两两比较，根据表中的评分标准在空白处填写评价值，"——"处无须填写。本次调查问卷的有关数据仅用于学术研究，对您的信息绝对保密。

表1 1-9级Bipola标度评分表

标度	定义与说明
1	i元素和j元素对某个属性具有同样重要性
3	i元素和j元素比较，i元素比j元素稍微重要
5	i元素和j元素比较，i元素比j元素明显重要
7	i元素和j元素比较，i元素比j元素重要得多
9	i元素和j元素比较，i元素比j元素极端重要
2,4,6,8	上述两相邻判断的中值
倒数	若元素i与元素j的重要性之比为a_{ij}，则元素j与元素i的重要性之比为$1/a_{ij}$

表2 政府向体育社会组织购买公共体育服务下属指标比较表

j \ i	决策阶段	体育社会组织选择阶段	合作管理阶段
决策阶段	1	——	——
体育社会组织选择阶段		1	——

续表

j \ i	决策阶段	体育社会组织选择阶段	合作管理阶段
合作管理阶段			1

表3 决策阶段下属影响因素指标比较表

j \ i	需求评估	经费预算	购买决策
需求评估	1	—	—
经费预算		1	—
购买决策			1

表4 体育社会组织选择阶段影响因素下属指标比较表

j \ i	信息不对称	垄断	腐败	逆向选择
信息不对称	1	—	—	—
垄断		1	—	—
腐败			1	—
逆向选择				1

表5 合作管理阶段影响因素下属指标比较表

j \ i	资金管理	主体协调	道德失范	合同订立	评估	监督	项目管理
资金管理	1	—	—	—	—	—	—
主体协调		1	—	—	—	—	—
道德失范			1	—	—	—	—
合同订立				1	—	—	—
评估					1	—	—
监督						1	—
项目管理							1

表 6　需求评估因素下属指标比较表

j \ i	公众需求的表达机制不畅	缺乏有效的信息收集渠道	需求信息筛选失误
公众需求的表达机制不畅	1	—	—
缺乏有效的信息收集渠道		1	—
需求信息筛选失误			1

表 7　经费预算因素下属指标比较表

j \ i	未考虑隐性成本	盲目压缩成本	宏观经济环境不确定性	政府资金投入不足
未考虑隐性成本	1	—	—	—
盲目压缩成本		1	—	—
宏观经济环境不确定性			1	—
政府资金投入不足				1

表 8　购买决策因素下属指标比较表

j \ i	购买内容确定不当	购买方式选择不对
购买内容确定不当	1	—
购买方式选择不对		1

表 9　信息不对称因素下属指标比较表

j \ i	隐藏信息	扭曲信息	信息传递渠道不畅通	信息沟通方式不当
隐藏信息	1	—	—	—
扭曲信息		1	—	—
信息传递渠道不畅通			1	—
信息沟通方式不当				1

表 10　垄断因素下属指标比较表

j＼i	体育社会组织服务有限	政府倾向	购买内部化
体育社会组织服务有限	1	—	—
政府倾向		1	—
购买内部化			1

表 11　腐败因素下属指标比较表

j＼i	合谋	寻租	设租
合谋	1	—	—
寻租		1	—
设租			1

表 12　逆向选择因素下属指标比较表

j＼i	体育社会组织的资金不足	体育社会组织的人力资源不足	体育社会组织的服务能力不足
体育社会组织的资金不足	1	—	—
体育社会组织的人力资源不足		1	—
体育社会组织的服务能力不足			1

表 13　资金管理因素下属指标比较表

j＼i	成本追加	资金管理不规范	资金支付方式不当
成本追加	1	—	—
资金管理不规范		1	—
资金支付方式不当			1

表 14　主体协调因素下属指标比较表

j＼i	参与主体购买动机差异	参与主体之间的不信任	沟通渠道不畅通	政府部门协调的复杂性
购买动机差异	1	—	—	—

续表

j \ i	参与主体购买动机差异	参与主体之间的不信任	沟通渠道不畅通	政府部门协调的复杂性
参与主体之间的不信任		1	—	—
沟通渠道不畅通			1	—
政府部门协调的复杂性				1

表15 道德失范因素下属指标比较表

j \ i	政府及相关部门的工作人员责任模糊	体育社会组织的自利性	社会公众的自利性
政府及相关部门的工作人员责任模糊	1	—	—
体育社会组织的自利性		1	—
社会公众的自利性			1

表16 合同订立因素下属指标比较表

j \ i	合同条款不完善	合同条款不灵活	合同标价不合理
合同条款不完善	1	—	—
合同条款不灵活		1	—
合同标价不合理			1

表17 评估因素下属指标比较表

j \ i	评估主体缺失	评估指标体系不完善	评估程序不合理	评估制度环境不健全	评估对象不全面
评估主体缺失	1	—	—	—	—
评估指标体系不完善		1	—	—	—
评估程序不合理			1	—	—
评估制度环境不健全				1	—
评估对象不全面					1

表 18　监督因素下属指标比较表

j \ i	监督能力不足	监督主体作用发挥不充分	监管职权分散
监督能力不足	1	—	—
监督主体作用发挥不充分		1	—
监管职权分散			1

表 19　项目管理因素下属指标比较表

j \ i	管理能力不足	体育社会组织的综合服务能力下降	项目管理模式不当
管理能力不足	1	—	—
体育社会组织的综合服务能力下降		1	—
管理模式不当			1

附录 5

政府向体育社会组织购买公共体育服务影响因素重要性问卷调查表

敬爱的先生/女士：

您好！

感谢您抽出百忙的时间填写此问卷，该问卷用于课题研究，对您填写的问卷会绝对保密。本次调查旨在对政府向体育社会组织购买公共体育服务的影响因素评价指标的重要性进行调查。请您根据您渊博的知识和丰富的经验，协助我们的调查，我们将不胜感激。

填表说明：

1. 本问卷没有对错之分，您只需根据影响因素的影响程度判断其重要程度，影响因素的影响程度大，则影响因素重要性取值越大，并在相应的选项中打"√"。

2. 影响因素影响程度评分参考标准。

表 1　影响因素指标重要性程度评分参考标准

被评价风险指标重要性程度	分值
重要性程度很小	<1.5
重要性程度小	1.5~2.5
重要性程度较小	2.5~3.5
重要性程度一般	3.5~4.5
重要性程度较大	4.5~5.5
重要性程度大	5.5~6.5
重要性程度很大	>6.5

一、决策阶段影响因素重要性调查表

表 2　决策阶段影响因素指标重要性调查表

评价指标	影响因素重要性程度					
	很小	小	较小	一般	较大	大	很大
公众需求的表达机制不畅							
缺乏有效的信息收集渠道							
需求信息筛选失误							
未考虑隐性成本							
盲目压缩成本							
宏观经济环境不确定性							
政府投入资金不足							
购买内容确定不当							
购买方式选择不对							

二、体育社会组织选择阶段影响因素重要性

表 3　体育社会组织选择阶段影响因素指标重要性调查表

评价指标	影响因素重要性程度					
	很小	小	较小	一般	较大	大	很大
隐藏信息							
扭曲信息							
信息传递渠道不畅通							
信息沟通方式不当							
体育社会组织服务有限							
政府倾向							
购买内部化							
合谋							
寻租							

续表

评价指标	影响因素重要性程度						
	很小	小	较小	一般	较大	大	很大
设租							
体育社会组织的资金不足							
体育社会组织的人力资源不足							
体育社会组织的服务能力不足							

三、合作管理阶段影响因素重要性

表4 合作管理阶段影响因素指标重要性调查表

评价指标	影响因素重要性程度						
	很小	小	较小	一般	较大	大	很大
成本追加							
资金管理不规范							
资金支付方式不当							
参与主体购买动机差异							
参与主体之间的不信任							
沟通渠道不畅通							
政府部门协调的复杂性							
政府及相关部门的工作人员责任模糊							
体育社会组织的自利性							
社会公众的自利性							
合同条款不完善							
合同条款不灵活							
合同标价不合理							
评估主体缺失							
评估指标体系不完善							

续表

评价指标	影响因素重要性程度					
	很小	小	较小	一般	较大	大	很大
评估程序不合理							
评估制度环境不健全							
评估对象不全面							
监督能力不足							
监督主体作用发挥不充分							
监督职权分散							
管理能力欠缺							
体育社会组织的综合服务能力下降							
模式不当							

附录6

部分研究案例基本情况、影响因素分析过程及结果

案例一： 北京市教育委员会购买小学体育美育发展工作项目

（一）基本情况

1. 案例背景：为了强化体育课和课外体育锻炼，促进学生身心健康、体魄强健，使学生体育素质得以提升，形成广泛的体育兴趣爱好，掌握一至两项体育技能，2014年北京市教委启动了北京高校社会力量参与小学体育美育发展工作项目，也就是"高参小"。

2. 购买主体：北京市教育委员会。

3. 承接主体：北京市高校及社会力量单位（国家级行业协会、体育俱乐部等）。2017年，该项目有21所高校、11个社会力量单位和166所小学参与，惠及学生近15万名。

4. 购买资金：2017年项目经费共计27409万元。

5. 购买内容：学校体育文化建设、体育学科教学、学生体育社团发展、体育教师培训、体育理论实践研究。

6. 购买方式：该项目由北京华采招标代理有限公司负责，采用公开招标的方式进行招标。

7. 监督与评价：建立专家工作组，通过课堂现场听课、观摩、提出教学巡视意见，召开巡视工作研讨会等方式对32家承接主体开展的服务工作情况进行监督和评价。

（二）案例影响因素分析

1. 由于承接主体、区县教委和参与小学的领导对"高参小"重要性的认识程度不一致，服务的推进水平也不一致。项目实施后的问卷调查反馈中，8所小学反映区县教委的支持力度不够，部分小学服务进展缓慢，存在政府及相关部门责任模糊。

2. 承接主体和合作学校分工不明，理念和认识有差异，如体育院校的专业

教育与小学的素质教育不同，高校对"高参小"服务内容的设想与合作小学的教学理念有差异，相关参与主体矛盾突出，推行过程中存在一定的障碍，部分合作小学的服务需求，承接主体不能满足，说明存在参与主体之间不信任和需求信息筛选失误。

3. "高参小"参与服务的教师大多来自高校的研究生，甚至本科生，缺乏实践教学经验，说明存在体育社会组织人力资源不足，服务能力低。

4. 由于管理制度和激励机制不健全，管理不严格，经常更换教学人员，教学队伍不稳定，直接影响合作小学的教学秩序和教学质量，存在管理能力欠缺。

(三) 案例影响因素分析结果

本案例的影响因素来自政府购买公共体育服务的决策阶段、体育社会组织选择阶段和合作管理阶段，存在需求评估、逆向选择、主体协调和项目管理4个影响因素及需求信息筛选失误、体育社会组织能力不足、体育社会组织人力资源不足、参与主体之间不信任和管理能力不足5个致因因子。

资料来源：北京政府采购网．http://www.ccgp-beijing.gov.cn/fwxx/dxal/t20180702_936224.html［DB/OL］，2017.07.02。

案例二：南昌市体育局购买CBO业余篮球公开赛

(一) 基本情况

1. 案例背景：CBO业余篮球公开赛，自2005年成立以来，开展范围广、涉及人数多、影响力大，在全国近200个地级市开展，参与人员达3亿，成为全国最具影响力的群众体育赛事品牌。在南昌市政府和体育局的高度重视下，CBO业余篮球公开赛成为覆盖南昌市及周边城市的体育赛事，南昌市篮球爱好者不断增加。为了通过社会力量筹集更多资源，进一步发展CBO业余篮球联赛，推动南昌市全民健身事业的发展，促进南昌市篮球协会的发展，2015年南昌体育局向南昌市篮球协会购买CBO业余篮球联赛及相关活动的运营服务。

2. 购买主体：南昌市体育局。

3. 购买内容：CBO业余篮球联赛及相关活动的运营服务。

4. 购买方式：采用委托购买的方式，由南昌市体育局委托南昌市篮球协会举办CBO业余篮球联赛和开展交流活动等服务。

5. 承接主体：南昌市篮球协会。

6. 购买资金：包括市财政划拨的项目资金、国家体育总局、江西省体育局划拨的专项扶持资金，共计5万元，其中赛事活动经费4万元，工作奖励1万元。

7. 监督与评估：省、市体育局、高校专业人士及媒体参与赛事运营过程，进行指导和监督，在安全保障、赛制和规程及品牌提升等方面取得了较好的效果。政府和第三方评估机构对赛事进行评估，但没有对社会效益和社会影响效果进行评估。

（二）案例影响因素分析

1. 南昌市篮球协会不具备雇用大量固定工作人员的条件，在承接赛事服务后，必须临时对协会工作人员进行大量的扩充，造成了项目运行过程中协会综合服务能力下降，增加了协会经济负担，使原本资金不足的篮球协会只能压缩经费预算。

2. 由于财政划拨专项资金没有按照规定时间拨付，资金管理不规范，出现协议工作人员个人垫付经费的现象，很多活动被迫取消，活动效果大打折扣。

3. 由于赛事没有收取任何的会费和报名费，并给予了较多的奖励和福利，参与人数过多，经费不足，增加了成本。

（三）案例影响因素分析结果

本案例的影响因素来自政府购买公共体育服务的决策阶段、体育社会组织选择阶段和合作管理阶段，存在着经费预算、逆向选择、项目管理和资金管理等4个影响因素和与之对应的盲目压缩成本、体育社会组织的资金不足、体育社会组织人力资源不足、体育社会组织综合服务能力下降、成本追加、资金管理不规范和政府资金投入不足等7个致因因子。

资料来源：温融. 政府向体育社会组织购买群众性体育赛事研究 [D]. 北京：北京体育大学，2017。

案例三：**成都市温江区文体广新局购买"村改社"社区文体基础设施建设服务**

（一）基本情况

1. 案例背景：近年来，成都市温江区坚持把改善"村改社"社区居民体育健身条件作为"村改社"社区公共服务设施建设的一项重要任务，不断提高公共体育健身设施的数量、质量，不断加大公共体育设施建设力度和投入。为了实现"村改社"社区都有标准完善的篮球场地。2014年，成都市温江区文体广新局购买"村改社"社区篮球场地维修完善服务。

2. 购买主体：成都市温江区文体广新局。

3. 购买内容：成都市温江区"村改社"社区篮球场地维修完善服务。

4. 购买资金：经区文体广新局审核通过后，按方案将资金直接拨付各"村改社"社区财务账户中，用于标准化篮球场地建设，做到专款专用。

5. 购买方式及流程：先由区文体广新局向各"村改社"社区印发资金分配额度通知及公共体育健身设施的数量分配指标。各"村改社"社区为责任单位，在资金额度内，对所属受援"村改社"社区篮球场地修建及维修，制订具体方案，包括修建和维修的篮球场地设施具体位置、启动时间、完成时间、项目负责人、联系方式等，方案确定报送区文体广新局审核。资金到位后，由各"村改社"社区依据方案和自己的具体情况组织购买。

6. 监督和评估：由区文体广新局组织抽查验收各"村改社"社区体育设施建设完成情况，并适时在全区进行通报，同时抄送区政府分管和各乡（镇）党政领导。

7. 存在的问题：购买的效果不尽如人意，体育设施单一，功能不足，篮球场地设施利用率低，居民经常将篮球场用作晒坝，公共设施破坏严重。部分"村改社"场地设施质量不好，如篮球场地器材质量不合格，部分塑胶场味道大，危及群众健身安全，居民的满意度低。

(二) 案例影响因素分析

1. 成都市温江区对"加大'村改社'社区公共体育设施建设力度和投入，以基本实现'村改社'社区都有标准完善的篮球场地设施"购买目标定位不准。随着成都市城镇化的发展，年轻人进城务工的较多，"村改社"社区人口大多数是老年人，对篮球场地设施的需求不大，购买内容的确定不当，存在购买决策不当。

2. 先由区文体广新局向各"村改社"社区印发资金分配额度通知及公共体育健身设施的数量分配指标，事先没有对"村改社"社区居民的体育需求进行摸底或摸底不准确，存在公众需求表达机制不畅、缺乏有效的信息收集渠道和需求信息筛选失误等需求评估错误。

3. 所购篮球场地器材质量不好，部分塑胶场味道大。区文体广新局仅仅通过组织抽查验收"村改社"社区体育设施建设完成情况，居民这一监督主体的作用没有发挥出来，说明监督主体参与不足；而且采用抽查验收的方式进行监督，说明监督的能力不足，存在监督问题。

4. 居民经常将篮球场用作晒坝，公共设施破坏严重，说明居民对体育场地设施不爱惜，体现社会公众的自利性，存在道德失范。

（三）案例影响因素分析结果

本案例的影响因素来自政府购买公共体育服务的决策阶段、体育社会组织选择阶段和合作管理阶段，存在需求评估、购买决策、项目管理、监督、道德失范等五个影响因素及公众需求表达机制不畅、缺乏有效的信息收集渠道、需求信息筛选失误、购买方式的选择不对、购买内容的确定不当、管理能力不足、监督的能力不足、监督主体作用发挥不充分、社会公众的自利性等致因因子。

资料来源：研究组成员调研结果分析和整理。

案例四： 上海市体育局购买第二届市民运动会总决赛服务

（一）基本情况

1. 案例背景：为了推进"全民健身，健康上海"的建设进程，满足市民体育赛事服务的需求，培育体育社会组织等社会力量参与公共体育服务，2016年，上海市以购买第二届市民运动会总决赛为抓手，整合赛事资源，创新办赛机制，积极探索政府购买体育赛事服务的实践。

2. 购买主体：上海市体育局。

3. 购买内容：上海市第二届市民运动总决赛的67项赛事服务。

4. 承接主体：承接主体包括通过单一来源采购方式成交的上海市象棋协会、上海市健美协会、上海市秧歌协会等33家市级、区级单项体育运动协会，上海培生船艇有限公司等3家体育企业、上海聚骄文化传媒有限公司等6家传媒机构、2家体育俱乐部和上海市武术运动管理中心1家运动管理中心；通过竞争性磋商方式成交的上海市跆拳道协会、上海市网球协会等7家市、区级体育协会，上海奥林实业有限公司等9家企业和上海羽毛球运动发展中心1家市级运动管理中心。

5. 购买资金：包括专项扶持资金和赛事奖励资金两部分。专项扶持资金预算为每项赛事购买经费 10 万元，作为赛事启动资金。在赛事举办完成后，依据评价实施标准，对每项赛事服务进行评分，划分档次，每十名为一档，共六个档次，发放 20 万元到 5 万元不等的资金奖励。

6. 购买方式及流程：2016 年 4 月 1 日，上海市体育局委托招投标代理机构在中国招标和采购官方网站上公开发布竞争性磋商公告，邀请具有总决赛能力和资质的体育社会组织、企业和运动管理中心进行磋商，但部分项目只有一家单位响应磋商，最后采取了"竞争性谈判"和"单一来源采购"的方式进行购买。上海市体育局委托招标机构制作招标文件、评标办法；对有承办赛事意向的单位进行招标培训；确认招标方案、招标文件等材料，得到上海市财政批复后开展招标；在上海政府采购发布网招标公告、供应商购买标书；召开竞争性磋商评审会，专家组由政府采购专家及一位采购人代表组成，竞争性磋商后第三方招标公司将评审成交结果书面发至采购人上海市体育局进行结果确认，发出中选通知书，中标单位与市体育局签订协议。

7. 监督和评估：在协议签订后，赛事举办前，上海市体育局领导、赛事组委会多次召开动员大会，对赛事各项筹备工作进行检查。赛后，组委会及第三方评估公司上海市玄钥管理咨询有限公司对赛事资金管理、项目管理、项目产出和项目绩效，通过问卷调查、现场走访和人员访谈的形式进行了整体评估，上海市体育局根据评估结果进行绩效奖励的拨付。

（二）案例影响因素分析

1. 由于项目专业性的特点，部分体育社会组织等级低，影响力小，体育社会组织发展不充分，部分项目的供应商达不到竞争性谈判的要求，50 个比赛项目采用单一来源采购，竞争性不够。

2. 管理能力欠缺和监督能力不足。赛事的组织过程中，由于管理和监督不到位，出现了体育社会组织不按合同办赛、赛事组织混乱等情况。

3. 部分企业的市场趋利性，在赛事运行过程中存在虚假上报参赛人数等道德失范行为。

4. 企业、协会、运动管理中心等承接主体间关系不够和谐。由于企业、协会、运动管理中心等承接主体相互存在竞争，企业很难获得运动项目管理中心和单项体育协会在裁判员、运动场馆等方面的支持。

(三) 案例影响因素分析结果

本案例的影响因素来自政府购买公共体育服务的体育社会组织选择阶段和合作管理阶段，存在垄断、道德失范、主体协调、项目管理和监督5个影响因素及体育社会组织服务有限、体育社会组织的自利性、参与主体之间不信任、管理能力不足和监督能力不足等5个致因因子。

资料来源：政府购买企业全民健身赛事服务的实践、问题与对策研究——以上海市第二届市民运动会总决赛为例。

案例五：北京市社工委购买"强我少年"工程项目

(一) 基本情况

1. 案例背景：全国学生体质健康调研数据表明，我国青少年体质耐力素质、速度素质等持续降低，近视率、肥胖率居高不下，青少年体质健康成为国家发展的重大问题。为了提供专业的体质监测、针对性的运动及健康管理服务，2012年，北京市社工委购买了"强我少年"工程项目。

2. 购买主体：北京市社工委。

3. 购买内容：体质检测，测量中小学生肌肉、蛋白质、骨量和脂肪等体质相关数据；运动数据和环境调查，统计中小学生运动负荷、运动时间及方式等数据信息；饮食习惯和环境调查，统计中小学生食谱、进餐地点和方式等数据信息；提供体质检测、运动数据和环境、饮食习惯和环境分析报告；根据分析报告，制订运动干预方案和饮食干预方案；为相关部门提供监测调研数据。

4. 承接主体：北京市中小学体育运动协会。

5. 购买资金：2012年，项目申请的购买经费为15万元，实际使用经费为25.15万元。

6. 购买方式及流程：北京市社工委将购买相关材料传达给北京市体育总会，北京市体育总会再将其传达给北京市中小学体育运动协会，北京市中小学体育运动协会提交购买申请书，经北京市体育总会进行初步审查后上报给北京市社工委，由北京市社工委相关人员进行最终评审和确认，北京市社工委与北京市体育总会签订合同。

7. 绩效评价：北京市体育总会对项目的实施和最终完成情况进行初步审核，

北京市社工委根据北京市体育总会的审核情况,组成由北京市社会建设工作领导小组办公室人员和外部专家构成的评估小组进行后期绩效评估。

(二) 案例影响因素分析

1. 实际运行经费比购买经费多出了 10.15 万元,协会因经费紧张,将出版中小学健康管理方面的白皮书暂时搁置;同样也是因为资金问题,将本打算在 32 所学校推行的项目调整为在 13 所学校推行,说明在经费预算中,存在着政府资金投入不足。

2. 合同条款不灵活,在资金使用上存在僵硬化问题,造成了一定程度的浪费。

3. 北京市中小学体育运动协会工作人员共计 6 人,其中全职 3 人,兼职 3 人,在承接"强我少年"工程项目时,存在人手不够、人力资源不足等问题。

4. 项目申报及审批时,信息透明度低,政府所批项目结果没有对外公示,存在隐藏信息等问题,造成信息不对称。

5. 项目申报具有浓厚的行政色彩,政府因考虑到平衡扶持体育社会组织,通常不会持续向同一体育社会组织购买该服务,政府倾向问题严重,存在垄断。

(三) 案例影响因素分析结果

本案例的影响因素来自决策阶段、体育社会组织选择阶段和合作管理阶段,存在经费预算、逆向选择、信息不对称、垄断、合同订立等 5 个影响因素及政府资金投入不足、体育社会组织人力资源不足、隐藏信息、政府倾向和合同条款不灵活等 5 个致因因子。

资料来源:王庆春. 北京市政府部门向体育社会组织购买公共体育服务研究[D]. 北京:北京体育大学,2015.。

案例六: 广州市教育局、体育局购买中小学生跆拳道比赛服务

(一) 基本情况

1. 案例背景:为了丰富广州市中小学生业余生活,提高广州市中小学生的跆拳道水平,促进跆拳道运动的推广和发展,2015 年,广州市教育局、体育局购买了中小学生跆拳道比赛服务。

2. 购买主体：广州市教育局和广州市体育局。

3. 购买内容：2015年中小学生跆拳道比赛组织及交流活动等相关服务。

4. 承接主体：广州市跆拳道协会。

5. 购买资金：预算金额为3万元，主要用于裁判员、后勤工作人员、志愿者补贴及证书奖牌的制作，分别为1.2万元、0.4万元、0.18万元和0.3万元。

6. 购买方式及流程：广州市教育局和体育局通过授权委托的方式购买广州市跆拳道协会的比赛组织及交流活动等相关服务。广州市跆拳道协会向广州市教育局和体育局提交申请书。申请书内容包括比赛时间、地点、参与资格及单位、项目设置及竞赛办法等。广州市教育局和体育局审核通过，获得批准后签订协议。

7. 监督和评估：由广州市教育局和体育局的监督管理部门和相关专家学者通过文件审批、实地考察和听取报告的形式进行监督评估。

（二）案例影响因素分析

1. 广州市跆拳道协会没有专职工作人员影响了服务效果。

2. 广州市跆拳道协会是政府授意自上而下成立的事业型社会组织，协会的领导由政府机构的成员担任，协会与政府关系密切，存在购买内部化的倾向。

3. 由于监督管理部门与业务主管部门同属体育局，且体育局与广州市跆拳道协会关系特殊，部分体育局领导兼职协会领导，监督管理部门的监督作用发挥不充分。

4. 缺乏科学、系统的评估标准，具体量化的评估细则，评估指标体系不完善，评估随意性较大。

5. 购买服务的评估主要以业务主管部门听取广州市跆拳道协会的汇报和检查方式进行，最终的评估主体还是来自主管部门和协会的人员，评估主体缺失，评估动力不足。

（三）案例影响因素分析结果

本案例的影响因素来自体育社会组织选择阶段和合作管理阶段，存在垄断和评估两个影响因素及体育社会组织发展不充分、监督主体作用发挥不充分、评估主体缺失、评估指标体系不完善、评估动力不足五个致因因子。

资料来源：胡未宁. 广州市政府购买公共体育服的研究——以广州市跆拳道

协会为例 [D]．广州：广州大学，2016.。

案例七： 上海市静安区购买公共体育服务绩效评估服务项目

（一）基本情况

1. 案例背景：随着上海市购买公共服务实践的深入，科学系统地评估政府购买公共服务的绩效是保障购买效率和效果的重要手段。为此，2014 年，上海市静安区政府向社会组织购买了绩效评估服务。

2. 购买主体：上海市静安区社会建设办公室。

3. 购买内容：2014 年，静安区政府向社会组织购买了 89 个社会服务项目的绩效评估，其中体育类项目有江宁路街道社区居民健身指导服务、昌平路、进楼宇足球场管理服务和体育健身进社区服务三类项目的绩效评估。

4. 承接主体：上海东方社会工作事务所。

5. 购买资金：323977 元。

6. 购买方式：项目采用竞争性谈判的方式，具体流程如下，公布购买内容，上海市静安区社会建设办公室委托上海沪中建设工程造价咨询有限公司在网上公示购买内容及相关事宜；规定承接主体条件，符合采购法相关规定，在上海市政府采购网登记入库，严格遵守保密制度的承接主体可参与购买谈判；承接主体资格审核，对承接主体的组织机构代码证、法人营业执照或事业单位法人证书、法定代表人授权书及被授权代表身份证等进行审核；提交应标文件；开展谈判竞标活动，由上海市静安区社会建设办公室相关工作人员、专业人员招标谈判小组，进行招标谈判；选定承接主体。

7. 监督和评估：项目的评估专家团队听取了上海东方社会工作事务所关于该项目的执行情况、具体做法、创新之处，并最终形成结论性的评价。

（二）案例影响因素分析

1. 在确定承接主体时，最先通过上海沪中建设工程造价咨询有限公司采取招投标工作，由于参与竞争单位数量不足 3 家，导致流标，说明体育社会组织发展不充分，存在垄断。

2. 评估对象不全面：评估专家团队听取了上海东方社会工作事务所关于该项目的执行情况、具体做法、创新之处，没有对政府购买预算、资金的划拨等方面进行评估，评估对象不全面。

(三) 案例影响因素分析结果

本案例的影响因素来自体育社会组织选择阶段和合作管理阶段，存在垄断和评估两个影响因素及体育社会组织服务有限、评估对象不全面三个致因因子。

资料来源：李瑾. 上海市部分区（县）政府购买公共体育服务研究 [D]. 上海：上海体育学院，2016.。

案例八：宁德市体育局购买篮球赛事服务

(一) 基本情况

1. 案例背景：为了提高公共体育服务供给质量，促进体育社会组织的发展，满足群众公共体育服务需求，近年来，宁德市在全市范围内购买了多项群众体育赛事服务，篮球比赛作为群众喜闻乐见的比赛项目，被列为政府购买清单。

2. 购买主体：宁德市体育局。

3. 购买内容：宁德市篮球赛事的运营服务。

4. 承接主体：宁德市篮球协会。

5. 购买资金：购买资金主要来自体育彩票公益金，包括定额补助和凭单结算。宁德市体育局每年划拨给宁德市篮球协会 5000~8000 元不等的补贴，用于赛事筹备工作；篮球赛事的组织和运营过程中产生的费用由宁德市篮球协会将费用凭证单据提交宁德市体育局，宁德市体育局审核结算。

6. 购买方式：采用非竞争性购买模式进行购买，宁德市体育局与宁德市篮球协会商议篮球赛事事宜，根据协商结果执行购买服务。

7. 监督与评估：宁德市体育局在赛中采取全程跟踪、赛后采取调研和座谈会的方式进行监督。

(二) 案例影响因素分析

1. 合同不完善。宁德市体育局与宁德市篮球协会商议篮球赛事事宜，根据协商结果执行购买服务，没有签订相关法律文件。

2. 宁德市体育局还没有制定政府购买公共体育服务监督评价相关的制度和文件，评估制度环境不健全，也没有建立科学系统赛事服务质量评价指标体系。

3. 宁德市其他的承接组织承接篮球赛事服务的能力和资质较欠缺，体育社会组织发展不充分，购买宁德市篮球协会的服务是较好的选择。

(三) 案例影响因素分析结果

本案例的影响因素来自体育社会组织选择阶段和合作管理阶段，存在垄断、合同订立、评估等3个影响因素及体育社会组织服务有限、合同条款不完善、评估制度环境不健全、评估指标体系不完善等4个致因因子。

资料来源：黄丽锋. 政府购买公共体育服务的研究——以宁德市政府购买群体赛事服务为例 [D]. 福州：福建师范大学，2017.。

案例九：北京市社工委购买北京市户外运动应急救援公益培训项目

(一) 基本情况

1. 案例背景：近年来，随着户外运动的兴起与发展，户外运动的参与人群越来越多，伤亡事故和人数逐年增加，社会救援成本增大。为了使更多的户外运动参与者了解和掌握相关的救援常识和技能，提高救援能力，2013年，北京市社工委向北京市体育休闲产业协会购买了北京市户外运动应急救援公益培训项目。

2. 购买主体：北京市社工委。

3. 购买内容：该项目通过现场授课、网络教学和制作培训光盘等形式，针对户外运动基本常识、突发事件应急救援技能等方面对北京户外运动事故多发区县的户外俱乐部、高校、政府部门及该运动项目的爱好者进行公益性培训。

4. 承接主体：北京市体育休闲产业协会。

5. 购买方式及流程：北京市社工委将购买相关材料传达给北京市体育总会，北京市体育总会再将其传达给北京市体育休闲产业协会，北京市体育休闲产业协会提交购买申请书，经北京市体育总会进行初步审查后上报给北京市社工委，由北京市社工委相关人员进行最终评审和确认，北京市社工委与北京市体育休闲产业协会签订合同。

6. 资金来源及使用：资金主要来源于北京市社会建设专项资金项目，北京市体育休闲产业协会申报预算资金50万元，实际拨付27万元，自筹经费近13万元，共计花费资金近40万元。

7. 监督和评估：北京市体育总会对项目的实施和最终完成情况进行初步审

核，北京市社工委根据北京市体育总会的审核情况，组成由北京市社会建设工作领导小组办公室人员和外部专家构成的评估小组进行后期绩效评估。

（二）案例影响因素分析

1. 该项目的预算经费、实际支出经费和拨付经费的出入太大，项目运行过程中，政府资金投入不足，只能压缩预算，影响服务质量。

2. 该项目的购买专项资金没有按时拨付，加之天气等原因，很多期的活动无法顺利完成。

3. 合同规定项目使用的设备只能租赁，不能购买，导致租赁成本大于购买成本，造成了不必要的浪费。

4. 项目从申报到批准整个购买过程，所有信息都没有对外公示，而是通过北京市体育总会将相关信息传达给北京市体育休闲产业协会，信息沟通渠道不畅，信息沟通方式不当，其他组织无法了解北京市社工委的购买需求，排除了其他潜在的购买者。

5. 北京市体育休闲产业协会经费缺乏，没有足够的工作人员，承接项目后，不得不临时增加工作人员，增加了成本开支。

（三）案例影响因素分析结果

本案例的影响因素来自政府购买公共体育服务的决策阶段、体育社会组织选择阶段和合作管理阶段，存在经费预算、资金管理、环境、项目管理和信息不对称5个影响因素及政府资金投入不足、盲目压缩成本、资金管理不规范、自然环境风险、合同条款不灵活、信息沟通渠道不畅通、信息沟通方式不当、体育社会组织人力资源不足8个致因因子。

资料来源：王庆春. 北京市政府部门向体育社会组织购买公共体育服务研究[D]. 北京：北京体育大学，2015.。

参考文献

REFERENCES

[1] 杨安华. 公共服务逆民营化何以率先在美国出现——基于美国与西班牙民营化发展的比较分析[J]. 经济管理, 2012, 34（6）: 160-170.

[2] 于晨珺. 2017年政府购买公共体育服务项目揭晓[N]. 常州日报, 2017.

[3] 张建民, 何宾. 案例研究概推性的理论逻辑与评价体系——基于公共管理案例研究样本论文的实证分析[J]. 公共管理学报, 2011（4）: 1-20.

[4] 陈玲, 李利利. 政府决策与邻避运动: 公共项目决策中的社会稳定风险触发机制及改进方向[J]. 公共行政评论, 2016（1）: 26-38.

[5] 郇昌店, 肖林鹏, 李宗浩, 等. 我国公共体育服务发展述评[J]. 体育学刊, 2009, 16（6）: 20-24.

[6] 贾文彤. 体育公共服务均等化若干问题研究[J]. 山东体育学院学报, 2009, 25（12）: 11-15.

[7] 范冬云. 我国体育公共服务研究中几个问题的探讨[J]. 成都体育学院学报, 2010, 36（2）: 6-8, 12.

[8] 肖林鹏, 李宗浩, 杨晓晨. 公共体育服务概念及其理论分析[J]. 天津体育学院学报, 2007, 22（2）: 97-101.

[9] 肖林鹏. 论全民健身服务体系的概念及其结构[J]. 西安体育学院学报, 2008, 25（4）: 6-11.

[10] 托马斯·西尔克. 亚洲公益事业及其法规[M]. 中国科学基金会, 译. 北京: 科学出版社, 2000: 284-285.

[11] 卢元镇. 论中国体育社团[J]. 北京体育大学学报, 1996, （1）: 1-7.

[12] 顾渊彦. 体育社会学[M]. 南京: 南京师范大学出版社, 1999: 18.

[13] 黄亚玲. 论中国体育社团: 国家与社会关系转变下的体育社团改革[M]. 北京: 北京体育大学出版社, 2004: 25.

[14] 亚当·斯密. 国民财富的性质和原因的研究[M]. 北京: 商务印书馆, 1996: 285.

[15] 文森特·奥斯特罗姆, 罗伯特·比什, 埃莉诺·奥斯特罗姆. 美国地方政府[M]. 北京: 北京大学出版社, 2004: 100-120.

[16] 欧文·E. 休斯. 公共管理导论 [M]. 北京：中国人民大学出版社，2001：41-50.

[17] 莱斯特·M. 萨拉蒙. 公共服务中的伙伴——现代福利国家中政府与非营利组织的关系 [M]. 北京：商务印书馆，2008：47-50.

[18] 刘文俭. "民营化"不等于"私有化"——关于"民营化"这一国际经济现象的思考 [J]. 中国改革，1992（7）：2.

[19] 吴易风. 关于非国有化、民营化和私有化 [J]. 当代经济研究，1999（10）：3-9.

[20] 王名. 中国的非政府公共部门（上）[J]. 中国行政管理，2001（5）：32-36.

[21] 曹可强. 上海市公共体育场馆经营管理现状与对策研究 [J]. 沈阳体育学院学报，2003（6）：7-9.

[22] 闵健，李万来. 社会公共体育产品的界定与转变政府职能的研究 [J]. 体育科学，2005（11）：3-14.

[23] 郇昌店，肖林鹏. 公共体育服务均等化初探 [J]. 体育文化导刊，2008（2）：29-31.

[24] 莱斯特·M. 萨拉蒙. 全球公民社会：非营利部门视界 [M]. 王名，译. 北京：社会科学文献出版社，2007：31-35.

[25] 敬乂嘉. 中国公共服务外部购买的实证分析——一个治理转型的角度 [J]. 管理世界，2007（2）：37-43+171.

[26] 苏明，贾西津，孙洁，韩俊魁. 中国政府购买公共服务研究 [J]. 财政研究，2010（1）：9-17.

[27] 财政部科研所课题组. 政府购买公共服务的理论与边界分析 [J]. 财政研究，2014（3）：2-11.

[28] 王凯珍，王庆锋，王庆伟. 中国城市老年人体育组织管理体制的现状调查研究 [J]. 西安体育学院学报，2005，22（1）：1-7.

[29] 白晋湘. 从全能政府到有限政府——市场经济条件下政府体育职能转变的思考 [J]. 体育科学，2006，26（5）：7-11.

[30] 黄亚玲. 论中国体育社团 [D]. 北京：北京体育大学，2003.

[31] 赖其军，郇昌店，肖林鹏，李宗浩，杨晓晨. 从政府投入到政府购买——公共体育服务供给创新研究 [J]. 体育文化导刊，2010（10）：7-9.

[32] 戴俭慧，高斌. 政府购买体育公共服务的行为分析 [J]. 体育学刊，2013，20（2）：35-38.

[33] 胡科，虞重干. 政府购买体育服务的个案考察与思考——以长沙市政府购买游泳服务为个案 [J]. 武汉体育学院学报，2012，46（1）：43-51.

[34] 唐纳德·凯特尔. 权力共享：公共治理与私人市场 [M]. 孙迎春，译. 北京：北京大学出版社，2009：132.

[35] 周俊. 政府购买公共服务的风险及其防范 [J]. 中国行政管理，2010，300（6）：13-18.

[36] 王浦劬, 郝秋笛. 政府向社会力量购买公共服务发展研究——基于中英经验的分析 [M]. 北京: 北京大学出版社, 2016: 63-99.

[37] 郑亚瑜. 政府购买公共服务的风险及其防范 [J]. 改革与开放. 2015, 412 (7): 1-3.

[38] 吕志奎. 政府合同治理的风险及其防范 [J]. 广东行政学院学报, 2017, 19 (5): 11-15.

[39] 谢叶寿, 陈钧. 政府购买公共体育服务的风险及防范措施 [J]. 首都体育学院学报, 2018, 30 (3): 236-238, 254.

[40] 明燕飞, 盛琼瑶, 公共服务合同外包中的交易成本及其控制 [J]. 财经理论与实践, 2010, 31 (6): 93-97.

[41] 沈克印, 吕万刚. 政府向体育社会组织购买公共体育服务的风险规避研究 [J]. 南京体育学院学报, 2016, 30 (6): 9-13.

[42] 王晋伟. 政府购买社会组织体育公共服务的风险管理研究 [J]. 石家庄学院学报, 2017, 19 (6): 100-106.

[43] 孙荣, 邵健. 基于 WBS RBS 的政府购买公共服务风险识别与防范 [J]. 福建行政学院学报, 2016, 158 (4): 1-8.

[44] 刘晓苏. 国外公共服务供给模式及其对我国的启示 [J]. 长白学刊, 2008 (6): 14-20.

[45] 王浦劬、莱斯特·M. 萨拉蒙. 政府向社会组织购买公共服务研究 [M]. 北京: 北京大学出版社, 2010: 19-97.

[46] 王名, 乐园. 中国民间组织参与公共服务购买的模式分析 [J]. 中共浙江省委党校学报, 2008 (4): 25-39.

[47] 蔡礼强. 政府向民间组织购买公共服务研究报告 [M]. 北京: 社会科学文献出版社, 2011: 78-109.

[48] 冯欣欣. 政府购买公共体育服务的模式研究 [J]. 体育与科学, 2014, 35 (5): 43.

[49] 齐超. 社会组织参与体育公共服务供给的现实困境及路径选择——来自上海的启示 [J]. 天津体育学院学报, 2016 (3): 252-258.

[50] 王家宏, 李燕领, 等. 我国公共体育服务体系: 过程结构与功能定位 [J]. 北京体育大学学报, 2014 (7): 1-7.

[51] 奥斯本, 盖布勒. 改革政府 [M]. 周敦仁等, 译. 上海: 上海译文出版社, 2006: 96-119.

[52] 魏娜, 刘昌乾. 政府购买公共服务的边界及实现机制研究 [J]. 中国行政管理, 2015 (1): 73-76.

[53] 邰鹏峰. 政府购买公共服务的评估困境破解——基于内地评估实践的研究 [J]. 学习与实践, 2013 (8): 108-113.

[54] 徐家良, 许源. 合法性理论下政府购买社会组织服务的绩效评估研究 [J]. 经济社会体制比较, 2015 (6): 188-189.

[55] 季璐, 王青平, 范炜烽. 社会治理视阈下政府向社会力量购买公共服务评估研究——基于

长三角地区的调查 [J]. 江苏社会科学, 2016 (6)：96-102.

[56] 李雨洋. 政府购买公共服务需求表达机制的问题——以 F 社区为例 [J]. 天水行政学院学报, 2019 (4)：55-59.

[57] 马子尧. 构建政府购买公共服务公众监督保障机制研究 [J]. 中国政府采购, 2018 (8)：30-33.

[58] 陈志伦, 梁晓彤. 政府购买公共服务市场化监督反馈机制研究 [J]. 滁州职业技术学院学报, 2018 (2)：61-63.

[59] 翁士洪. 政府向社会组织购买公共服务的监管机制研究 [J]. 北京航空航天大学学报（社会科学版）, 2017 (4)：24-32.

[60] 倪永贵. 政府购买公共服务监督机制创新研究——以温州市为例 [J]. 行政与法, 2017 (5)：1-6.

[61] 岑国斌. 政府购买城市社区体育公共服务机制建设研究 [J]. 广州体育学院学报, 2018 (6)：27-40.

[62] 崔建国. 安徽省政府购买公共体育服务运行机制优化及实施路径研究 [J]. 赤峰学院学报（汉文哲学社会科学版）, 2018 (4)：74-76.

[63] 沈克印. 政府购买公共体育服务的监督机制研究 [J]. 体育成人教育学刊, 2017 (4)：53-57.

[64] 郑旗. 我国地方政府购买公共体育服务政策执行机制 [J]. 北京体育大学学报, 2017 (6)：19-26.

[65] 张小航, 杨华. 政府购买公共体育服务中的现代财政保障机制研究 [J]. 天津体育学院学报, 2018 (3)：185-190.

[66] 伯利, 米恩斯. 现代股份公司与私有财产 [M]. 台湾：台湾银行出版社, 1982：66-78.

[67] 科斯, 阿尔钦, 罗斯. 财产权利与制度变迁——产权学派与新制度学派译文集 [M]. 上海：上海人民出版社, 2000：198-209.

[68] 詹森, 麦克林. 企业理论：管理行为、代理成本与所有权结构 [M]. 上海：上海人民出版社, 1988：213-223.

[69] Kenneth J. Arrow. 组织的极限 [M]. 陈小白, 译. 北京：华夏出版社, 2014：156-178.

[70] 平迪克, 鲁宾费尔德. 微观经济学 [M]. 李彬, 译. 北京：中国人民大学出版社, 2009：256-302.

[71] 约瑟夫·E. 斯蒂格利茨. 公共部门经济学 [M]. 郭庆旺, 译. 北京：中国人民大学出版社, 2005：236-253.

[72] 罗纳德·J. 奥克森, 万鹏飞. 治理地方公共经济 [M]. 北京：北京大学出版社, 2005：123-156.

[73] 王浦劬, 萨拉蒙. 政府向社会组织购买公共服务研究：中国与全球经验分析 [M]. 北京：

北京大学出版社，2010：112-145.

[74] 奥斯特罗姆，帕克斯，惠特克. 公共服务的制度建构［M］. 宋全喜，任睿，译. 上海：上海三联书店，2002：102-135.

[75] 埃莉诺·奥斯特罗姆. 公共事物的治理之道［M］. 余逊达，陈旭东，译. 上海：上海译文出版社，2010：55-78.

[76] 戴健，郑家鲲. 我国公共体育服务体系研究述评［J］. 上海体育学院学报，2013，37 (1)：1-8.

[77] 刘青，蒋志学，卿平，等. 新时期政府发展体育事业的职能及职责的界定［J］. 成都体育学院学报，2004，30 (6)：7-11.

[78] 花勇民，彭器. 西方体育治理理论与实践研究［J］. 吉林体育学院学报，2014，30 (5)：14-16.

[79] 杨桦，任海. 我国体育发展新视野：整体思维下的跨界整合［J］. 北京体育大学学报，2014，37 (1)：1-8.

[80] 汪流. "国家—社会"分析框架下的中国体育社会组织研究：回顾与思考［J］. 西安体育学院学报，2016，33 (4)：385-389.

[81] 裘鹏，付甲. 善治理论视角下国家体育公共服务的"多元治理"模式研究［J］. 沈阳体育学院学报，2013，32 (2)：24-26.

[82] 王其藩. 系统动力学［M］. 上海：上海财经大学出版社，2009：125-134.

[83] 贾仁安. 系统动力学［M］. 北京：高等教育出版社，2002.

[84] 汪流. 北京区（县）体育社会组织的现状调查与分析［J］. 河北体育学院学报，2017 (11)：24-30.

[85] 郭修金，戴健. 政府购买体育社会组织公共体育服务的实践、问题与措施——以上海市、广东省为例［J］. 上海体育学院学报，2014，38 (3)：7-12.

[86] 张志清，王文周. 基于WYS-RYS矩阵的项目风险识别方法的改进及应用［J］. 项目管理技术，2010 (4)：76-78.

[87] 钱林. 政府购买公共服务过程中信息不对称问题研究［D］. 上海：华东政法大学，2015.

[88] 卓如彩. 现代科层制组织"目标置换"现象的审视［J］. 湘潮，2010，19 (2)：20-23.

[89] 刘明生，李建国. 城市社会体育组织参与体育公共服务的困境与对策［J］. 上海体育学院学报，2012，36 (3)：53-60.

[90] 迟福林. 政府购买公共服务须开放竞争［N］. 经济参考报，2014-04-30 (007).

[91] 赵群. 我国政府公共服务外包体系构建研究［D］. 兰州：兰州大学，2011.

[92] 唐纳德·凯特尔. 权力共享：公共治理与私人市场［M］. 孙迎春，译. 北京：北京大学出版社，2009：19-25.

[93] 胡科，虞重干. 政府购买体育服务的个案考察与思考——以长沙市政府购买游泳服务为个

案［J］. 武汉体育学院学报，2012，46（1）：43-51.

[94] 郇昌店. 竞争式依附：业余足球组织的生存逻辑研究［J］. 中国体育科技，2018，54（1）：18-26.

[95] 王昇轩. 基于B2B平台的线上供应链金融风险评价研究［D］. 长春：吉林大学，2016.

[96] 于凤荣. 加拿大公共服务社会化之我见［J］. 行政论坛，2008（5）：86-88.

[97] 彼得·圣吉. 第五项修炼——学习型组织的艺术与实践［M］. 北京：中信出版社，2009.

[98] 詹兴永. 政府购买公共体育服务的国际经验与我国推进路径［J］. 山东体育学院学报，2015，31（01）：15-18.

[99] 失忠梁，韩春利，王秋华. 体育公共服务购买实践中的问题探索［J］. 鲁东大学学报（自然科学版），2015，31（3）：283-288.

[100] 罗林，杜从新. 对欧洲体育俱乐部体制的研究［J］. 北京体育大学学报，2002（3）：298.

[101] 戴文忠，栾开封. 中国与英国、瑞典体育管理体制比较［J］. 体育文史，1999（1）：19.

[102] 汤际澜. 英国公共服务改革和体育政策变迁［J］. 京体育学院学报，2010（4）：43-47.

[103] 郭修金，戴健. 政府购买体育社会组织公共体育服务的实践、问题与措施：以上海市、广东省为例［J］. 上海体育学院学报，2014，38（3）：12.

[104] 赵万松. 成都市锦江区：六大力激发社会组织活力［J］. 中国社会组织，2016，15（9）：21-23.

[105] 徐志胜，刘敏. 江苏围绕基本公共体育服务体系建设加快推进体育社会组织发展［N］. 中国体育报，2013-11-13（003）.

[106] 汪流. 北京区（县）体育社会组织的现状调查与分析［J］. 河北体育学院学报，2017，31（6）：24-30.

[107] 五大发展理念：构建公共体育服务的常州模式［N］. 常州日报，2016-04-06.

[108] 张良，刘蓉. 治理现代化视角下我国地方行业协会外部治理体系重构研究［J］. 华东理工大学学报，2015，33（4）：94.

[109] 高建萍. 欧洲发达国家群众体育管理的相关经济政策研究［J］. 南京体育学院学报，2004，18（6）：39-40.

[110] 金锦萍. 中国体育社会组织法前沿问题［M］. 北京：社会科学文献出版社，2014：1.

[111] 詹兴永. 政府购买公共体育服务的国际经验与我国推进路径［J］. 山东体育学院学报，2015，31（1）：14-18.

[112] 沈克印. 政府购买公共体育服务的监督机制研究［J］. 体育成人教育学刊，2017，33（4）：53-57.

[113] 李震，陈元欣，刘倩，等. 政府购买公共体育服务研究——以武汉市政府购买游泳服务为个案研究［J］. 武汉体育学院学报，2014，48（7）：36-40.

[114] 吴卅. 政府购买公共体育服务绩效评估现状——基于上海市和常州市经验［J］. 北京体

育大学学报, 2017, 40 (3): 11-15.

[115] Healthy people 2010: National Health Promotion Objectives [J]. US Department of Health and Human Services, Public Health Service. Washington, DC: DHHS publication, 2000.

[116] Houlihan B, White A. The Politics of SportsDevelopment: De-velopment of Sport or Development through Sport [M]. London: Routledge, 2002: 80-83.

[117] David M, Van Slyke. The Mythology of Privatization in Contracting for Social Services [J]. Public Administration Review, 2003, 63 (3): 296-315.

[118] Jocelyn M, Jonhston, Barbara S. Romzek. Contracting and Accountability in State Medicaid Reform: Rhetoric, Theories, and Reality [J]. Public Administration Review, 1999, 59 (5): 51-56.

[119] Graeme A. Hodge. Privatization: An International Review of Performance [M]. Oxford: Westview Press, 2000: 185-188.

[120] Jocelyn M, Jonhston, Baxbara S. RomzeK. Contracting and Accountability in State Medicaid Reform Rhetoric, Theories and Reality [J]. public Administration Review 1999, 59 (5): 48-56.

[121] Aubert B. A., Rivard S., Patry M. A transaction Cost Model of IT Outsourcing [J]. Information&Management, 2004, 41 (7): 21-32.

[122] Sandy R., Sloanc P., Rosentrxuh M. The Economics of Sports: An International Perspective [M]. London: Palgrae/Macmillan, 2004: 69-89.

[123] Park. M, Turner, pcctmc. B. A., Pastore, D. L. Effective Public Service Advertisements to Attract Volunteers for the Special Olympics: An Elaboration likelihood perspective [J]. Sport Managemcnt Review, 2008, (11): 165-192.

[124] Keil, Mark, Cule, P. E., Lyytinen, Kalle. A framework for identifying software project risks [J]. Communications of the ACM, 1998, 41 (11): 76-83.

[125] Dhar, Subhankar, Balakrishnan, Bindu. Risks, Benefits, Challenges in Global IT Outsourcing: Perspectives and Practices [J]. Journal of Global Information Management, 2006, 14 (3): 39-69.

[126] Earl, M. J. The Risks of Outsourcing IT [J]. Sloan Management Review, 1996, 37 (3): 26-32.

[127] Hastak, M, Maris, M. B, Morris, L. A. The role of consumer surveys in public policy decision making [J]. Journal ofPublic Policy&Marketing, 2001 (2): 170-185.

[128] Alessandro Ancarani. Supplier evaluation in local public services: Application of a model of value for customer [J]. Journal of Purchasing & Supply Management, 2009 (15): 33-42.

[129] Young W. F. Tests for building confidence in system dynamics models [J]. TMS studies in the Managament Sciences, 1980 (14): 209-228.

[130] E Revilla, J Sarkis & A Modrego. Evaluating performance of public-private research collaborations: A DEA analysis [J]. Journal of the Operational Research Society, 2003, 54 (2): 154-174.

[131] Lopez-Baldovin M J, Gutierrez Martin C, Berbel J. Multicriteria and multi-Period programming for scenario analysis in guadalquivir river irrigated farming [J]. Journal of the Operational Research Society, 2006, 57 (5): 131-137.

[132] HYUNG RIM CHOI, BYIJNG Joo PARK. Development of a Model based on System Dynamics To Strengthen the Competitiveness of a Container Terminal [J]. WSEAS Transactions on Information Sciences and Aplications, 2004 (5) 2007: 988-995.

[133] Chris Gratton, Peter Taylor. Economics of Sport and Rec-reation [M]. London: E&FN SPON, 2000: 13-15.

[134] Sandy, R., Sloane, P., Rosentraub, M. The Economics of Sports: An International Perspective. London: Palgrae/Macmillan, 2004.

[135] Progress Review of Physical Activity and Fitness of Healthy People 2010 [S]. Department of Health and Public Service, Washington, DC: Public Health Service, 2008.

[136] Entwistle Tom, Martin Steve. From Competition to Collabo-ration in Public Service Delivery: A New Agenda for Research [J]. Public Administration, 2005, 83 (1): 233-242.

[137] Saaty, T. L. The analytic network process [M]. Pittsburgh: RW Publication, 1996.

[138] WANG Qi-fan, NING Xiao-qian, YOU Jiong. Advantages of System Dynamics Approach in Managing Project Risk Dynamics [J]. Journal of Fudan University, 2005, 44 (2): 202-206.

[139] Hart. O, Holmstrom B. Theory of contract In Advances in Economic Theory: Fifth World Congress [M]. London : Cambridge University Press, 1987: 79-125.

[140] Pierre Morgenrood. Partnership for Public Service [J]. Public Sector Highlights, 2008, 24 (1).